财经易文
www.ewinbook.com

# 争论的十大金律

（英）乔纳森·赫林　著
潘奇凡　译

How to Argue

中国财政经济出版社

**图书在版编目（CIP）数据**

争论的十大金律/（英）赫林（Herring，J.）著；潘奇凡译．—北京：中国财政经济出版社，2011.6

书名原文：How to Argue

ISBN 978-7-5095-2940-9

Ⅰ.①争…　Ⅱ.①赫…②潘…　Ⅲ.①辩论—语言艺术　Ⅳ.①H019

中国版本图书馆 CIP 数据核字（2011）第 106047 号

著作权合同登记号：图字 01-2011-1793 号

责任编辑：刘占彬　　封面设计：华乐功

版式设计：孙志云　　责任校对：孙志敏

Jonathan Herring

**How to Argue: Powerfully, Persuasively, Positively**

ISBN 978-0-273-73418-5



中国财政经济出版社 出版

URL: http://www.cfeph.cn

E-mail: win@ewinbook.com

**（版权所有　翻印必究）**

社址：北京海淀区阜成路甲 28 号　邮政编码：100142

发行电话：010-88190406

三河市祥达印装厂印刷　各地新华书店经销

787×1092 毫米　16 开　13.75 印张　119 千字

2011 年 8 月第 1 版　2011 年 8 月北京第 1 次印刷

定价：25.00 元

ISBN 978-7-5095-2940-9/F·2491

（图书出现印装问题，本社负责调换）

# 争论的十大金律

# 前 言

你是不是讨厌争论，并想尽一切办法避免争论？或者，你是不是总是发现自己在争论中遭遇失败？即使是赢得了争论，你是不是在某种程度上也感到争论并没有带来好的结果？

如果是这样，那么这本书就是为你而写的。它将告诉你如何进行富有成效的争论。你将学会如何以清晰的、有效的方式提出你的论点，并以同样有效的方式回应别人的论点。

有些人（特别是律师和小孩子们）喜欢争论。但大多数人都会逃避争论。有时候，避免争论是有好处的，但大多数情况下并非如此。逃避争论意味着问题无法得到解决，并被隐藏起来。被压抑的不满会毒害人们之间的关系，或者造成工作场所的关系紧张。

在本书中，我们将讨论理解争论的更积极的方式。不需要大喊大叫，也不需要将你的意志强加于别人。尽管在争论中经常出现歇斯底里的喊叫、争吵甚至拳脚相加，但富有成效的争论不需要这些。喊叫比赛对任何人都没有好处。相反，你应该将进行争论的能力看成是一种艺术和技能。

在生活和工作中，以平静、理性的方式进行争论的能力是一种宝贵的资产。它能使你的观点更加清晰、对你的理论进行测试，并能使你得到想要的结果。不管怎样，争论是无法避免的，因此你需要学会如何进行富有成效的争论。朋友之间的友好争论会充满乐趣。争论会使问题公开化，并得到解决，从而不会在双方的心里留下不满。有时候，为了得到希望得到的结果，我们不得不进行争论：如果你从来都不对加薪的问题进行争论，那你可能永远也得不到加薪。

争论应该与更好地理解对方、分享观点、找到对双方都有利的方式有关。有时候，争论会受到批评，但那是因为人们没有进行富有成效的争论，而这类争论必须立刻停止。

“争论或讨论的目的不是战胜对方，而是共同进步。”

——卡尔·波普（Karl Popper）

争论应该让一方更好地理解对方的观点，并更好地理解自己的观点。许多人终其一生都无法理解别人为什么会相信上帝、支付猎杀狐狸，或者喜欢看法国电影。出现这种情况，是因为他们从来没有同持有不同观点的人讨论过这些问题。他们从来没有提出过自己的观点，并让其他人来检验他的观点。令人惊讶的是，人们对与他们意见相左的人有如此多的偏见。“太让人吃惊了，前几天我遇到过一名保守党的支持者，他人很好。”我的一位朋友曾经这样对我说。只有同那些与你的观点不同的人进行交谈，你才能更好地理解对方的观点。

本书分为两部分。第一部分是“争论的十大金律”。在任何情况下，都存在着一些重要的原则：从与老板争论，到与同事争论，再到与水暖工争论。即使你的同事就是水暖工，这些原则也是有效的！在第二部分中，我们将看一看引发争论的具体情况。在这一部分中，我们会将那些金律应用到实践中。

# 目　录

## 第一部分　争论的十大金律

## 第二部分　引发争论的常见情况

# 第一部分 ▶ 争论的十大金律

这一部分将向你介绍争论的十大金律。这些金科玉律会在你遇到的任何争论中为你提供帮助。一旦理解了这些法则，那么不管是谁，你都可以同他进行令人满意的争论。这些金律适用于发生在任何地方的争论：家里、工作中、玩耍的时候，甚至是浴室里。

# 第1章
# 金律一：不打无准备之仗

连孩子们都知道，有所准备是争论成功的关键。有时候，争论会意外出现，但并不总是这样。你可能会认识到即将要召开一次难以应对的商业会议，或进行一次谈话，在这种情况下，有所准备会为你带来真正的优势。

## 1.1 你想要得到什么？

在开始进行争论之前，认真地思考一下你争论的问题是什么，以及你想要得到什么。这听起来好像没什么特别的，但却极其重要。你希望从这场争论中得到什么？你是仅仅希望其他人理解你的观点，还是想要得到一个切实的结果？如果你想得到一个切实的结果，那么你必须问自己：你想要的那个结果是否现实，是否可以得到。如果不现实或无法得到，那么打一场口水仗就可能损害宝贵的关系。

让我们假设你希望得到加薪。你已经和你的经理安排了一次会议来讨论这件事。认真思考一下，这个目标是否现实。公司是否正在进行裁员，是否正在大幅压缩各种预算？如果是这样，那么得到加薪的可能性很可能为零，申请加薪就没有多少意义。但是，你是否可以做些其他事情以获得更高的工资？是否可以要求升职？是否可以多参加一些培训？是否可以为公司多做一些贡献？在进入会议室之前，要认真考虑这些选择。一定要搞清楚你最终想要得到什么，再去参与一场争论。

## 1.2 构思你的论点

在为你的争论做准备时，要花些时间考虑以一种符合逻辑的方式展示你的观点。我们不得不承认，逻辑的名声并不好。

> "逻辑就是满怀信心地步入歧途。"
>
> ——约瑟夫·克鲁奇（Joseph Krutch）

提到逻辑，人们总是很反感。有人怀疑逻辑只不过是某种聪明的把戏，用于挑那些没有受过逻辑"训练"的人的毛病。实际上，逻辑没什么神奇的。的确，专业逻辑学家们制定了极其复杂的规则，但日常逻辑并不难掌握。

逻辑学家们会提到"前提"（premise）和"结论"（conclusion）。前提就是一种事实，遵循这一事实，就可以符合逻辑地得到某一特定的结论。例如，"我喜欢看动作电影，因此我喜欢看詹姆斯·邦德的电影"。这里，前提是喜欢看动作电影，而符合逻辑的结论是喜欢看詹姆斯·邦德的电影。有时候，为了得到一个结论，需要几个前提。在复杂的论点中，从一个最初的前提中可以得出一系列符合逻辑的结论。看一看下面这个论点的例子：

> 世界上的罪恶都是因为缺乏智慧而造成的道德缺陷带来的（前提）。但是，至今人类还没有发现任何消除道德缺陷的方法。相反，借助每一位合格的教育家都知晓的方法，智慧可以很容易地得到提高。因此，在找到某种教授美德的方法之前，我们应该通过提高智慧而不是道德来获得进步（结论）。
>
> ——伯特兰·罗素（Bertrand Russell）

因此，一场公正的争论并不是仅仅说出你的想法，而且还要提供一系列理由。一场不恰当的争论就是一个人不断向其他人重复自己的结论：

**错误的做法**

鲍伯：“男人不应该去洗碗。他们天生就不是做这些活儿的。”

玛丽：“废话。”

鲍伯：“不对，男人和女人是不同的。”

玛丽：“那是性别歧视——男人和女人之间没有什么差别。”

鲍伯：“很明显，男人和女人的大脑是不同的。”

玛丽：“你在胡说些什么。”

这是很多争论的典型方式。鲍伯和玛丽所做的一切就是相互向对方重复各自的结论。这样的争论不可能取得任何进展。这是因为他们只是在说明自己的结论，而没有给出各自的理由。如果他们中的任何一个人提出“你为什么要那样说”或者“你那样说有什么证据”这样的问题，那么争论就可以获得进展。他们或许可以开始进行一场有意义的争论，通过这一争论，双方就可以理解对方为什么会有那样的想法。

因此，如果你试图进行一场具有说服力的争论，那么你就需要从某些事实（前提）开始，而这些事实是对方也认可的，然后根据这些前提合乎逻辑地得出一个结论。你必须保证做到以下两点：

1. 确保你的事实（前提）是正确的。
2. 确保你的结论是根据事实得出的。

## 1.3 事实

对于事实，我们需要多说几句。

### 利用事实

很明显，事实是许多讨论和争论的基础。在开始任何一次争论之前，找到关于事实的信息对你来说是非常重要的。如果只是阅读了一些博客上的文章，就去同经济学教授争论欧洲货币联盟的优点，那么在争论中你肯定会处于下风。如果你不知道你供职的公司中和其他公司中类似人员的工资水平，那么在争论加薪问题时你也会惨遭失败。没有事实的争论就像是试图用冷水堆雪人一样。

### 找出事实

除非你身为父母，或者备受尊重，否则“我是那样说的”这种说法并不会起到多大作用。你需要找出事实来支持你的论点。尽管人们都知道应该谨慎使用，但因特网是大多数人寻找信息的第一站。

---

**提示：许多搜索引擎都有一个“学者”（Scholar）按钮，引导你进入一些学术研究网站。与博客上的观点相比，这些网站或许是更加可靠的信息来源。但要注意：你可能会遇到一些最难懂的语言。**

---

仅仅因为众所周知就假定一些事情是正确的，这样做很危险。下面是一些众所周知的假设，但它们都是错误的：

- 金鱼的记忆只能维持几秒钟。错误：实验发现，金鱼可以穿越复杂的迷宫。
- 托马斯·克雷普尔（Thomas Crapper）发明了抽水马桶。错误：抽水马桶是1596年由约翰·哈林顿爵士（Sir John Harrington）发明的。
- 刮胡子会令胡须更快地生长。错误：不会出现这种情况。刮胡子也不会令胡须更浓密或更粗。

当然，图书馆、报纸、杂志和朋友也可以成为一种信息来源。要确保你的信息来源是可靠的。

## 信息可靠吗？

这部分工作非常重要，需要小心应对。

- 统计资料的来源是关键。最好的来源可能是那些得到争论对方认可的团体或组织。如果做不到这一点，那么中立的或备受尊重的组织也可以。与世界卫生组织

(World Health Organization) 对“吃肉过多的危害”进行的研究相比，由一个小型压力集团 (pressure group) 对同一问题所做研究的说服力要低得多。因此要认真考虑：是谁进行的研究？这一团体可能存在偏见吗？它是一个广受尊重的团体还是一个鲜为人知的压力集团？

- 哪些资料对争论对方的影响最大？如果你把一位无神论科学家所说的话告诉一位创世论者 (creationist)，那么他可能会表示怀疑。但是，如果你把一位信奉基督教的科学家所进行的研究展示给他，那么他就有可能更加信服。否则，他很容易因为“偏见”而对这一研究置之不理。
- 支持你的论点的统计资料的样本量有多大？在进行一项研究时，通常涉及对民众抽样进行访谈或测验，并从中进行概括。例如，就是否喜欢 Marmite 这一问题对100 个人进行了访谈，其中有 38 个人喜欢，那么人们就会告诉我们有 38% 的人喜欢 Marmite。当然，这并不意味着世界上的每一个人都被询问到，但是调研人员假设，如果样本中有 38% 的人喜欢 Marmite，那么这很有可能反映出广大民众的意见。然而，这一假设的关键是样本量。如果你只对两个人进行了访谈，而且其中的一个人喜欢 Marmite，那么说有 50% 的人喜欢 Marmite 的证据就显得不足。你不能假设两个人的观点能够代表所有人的观点！一般来说，样本量越大，研究就越可靠。如果研究没有说明有多少人参与，那就值得怀疑。对于这一点要特别小心。
- 另一个统计问题是：样本的代表性如何？一定要知道

是谁接受了调查。如果你只是对参观Marmite博物馆的人进行了访谈，那么有很多人喜欢Marmite就不足为奇了。特别要注意这样的说法："在拨打我们热线的人中，有86%的人赞成……"如果人们联系压力团体寻找帮助，那么他们很有可能赞同这一团体的目标。你不能假设他们能够代表所有的人。最好的研究是那些在有代表性的总体中进行抽样的研究，这些研究的结果能够更好地支持你的论点。

一项研究发现，在接受调查的人中，有70%曾经尝试过戒烟，但没有一个人成功地把烟戒掉。对于那些正在尝试戒烟的人来说，这似乎是一个可怕的消息。但是，这一调查只对吸烟者进行了访谈。因此没有人成功戒烟也就不足为奇了。

- 认真倾听人们在说什么。要特别注意"达到"这种说法。如果论据表明污染水平已经提高到35%，则意味着35%是证据所能表明的上限。真正的平均值并没有被揭示出来，而且有可能远低于35%。还要注意研究显示人们"有可能"以及/或者"正在考虑"某件事。调查显示超过50%的人有可能考虑乘飞机并不能有力地表明人们乘飞机的次数较少。
- 要注意"可能"或"不知道"这些说法。考虑一次针对"英国是否应该退出欧盟"的调查。人们可以回答"应该"、"不应该"或"不知道"。让我们假设有15%的人说"应该"，有20%的人说"不应该"，有65%的人说"不知道"。你可以向人们展现最后两个统计数字，并声称有 85% 的被调查者不支持英国退出欧盟，或者有 80% 的被调查者支持英国留在欧盟内。

- 对百分比数字要特别留意。假设有人断言喝咖啡会使你得心脏病的风险提高 35%。这一断言有可能使你不再去咖啡馆，而是走进最近的一家酒吧。但别急着这样做，这一统计数据具有很强的误导性。首先，我们需要知道这种风险发生在哪些人身上。增加的风险是发生在某一年龄的人身上，还是发生在容易得心脏病的人身上，抑或是“一般人”身上？其次，你需要考虑最初的心脏病风险有多高。我们可以说在郊区散步会使你被小行星砸到的风险提高 300%，但你很可能并不担心，因为这种风险原本就不高。因此，如果原本的风险就很低，那么看起来令人恐惧的风险增加也就没有意义了。

在此我们可以学到两点。首先，如果你打算依靠统计数据，那就要保证这些数据是你能够获得的最佳数据：来源可靠，样本量大，结论明确。其次，如果与你争论的人展现出了统计数据，那么就提出上面的问题。然后，你或许可以解释为什么你的研究比他们的研究更可信。

### 解释统计数据

不要以为统计数据越多就越好。少量优秀的统计数据比一大堆数据更有效，因为过多的数据会令听众昏昏欲睡并感到困惑。只有最顽固的统计学书呆子才会在一次谈话中过多地涉及统计数据。如果有必要，你可以说：“我有很多统计数据，但我只告诉你这两个。”

恰当地展示统计数据。你面对的可能是熟悉统计数据使用的人，但一般来说人们都会发现统计学很难掌握。以尽可能简明的方式来展示这些数据是最好的。因此，不要这样说：“25%的女性会在其生命的某些阶段遭遇家庭暴力。”下面的这种说法更有效：“如果房间里有20名女性，那么就会有5名遭遇过家庭暴力。”这样做不仅使统计数据更容易理解，而且产生的影响也更显著。

---

**提示：如果统计数据与钱有关，而你希望说明某种东西有多贵，那就平均到个人来进行说明。例如：“如果我们把购买接待处家具的钱平均分配给这间会议室里的所有人，那么我们每个人都可以去佛罗里达州度两个星期的假。”**

---

进行普遍化很容易犯错误：“所有人都知道……”、“所有的非法移民……”这些过于傲慢的说法很容易被一种例外情况证明是错误的，因而遭到驳斥。几乎所有的普遍化断言都可以被驳倒，因此要避免使用这种普遍化的说法。

**所有普遍化的说法都应该避免——除了本条声明之外！**

## 1.4 呈现论点

在为任何冲突做准备时，关键的问题不仅是要汇总事实和原因，而且还要考虑如何把它们呈现出来。显然，这部分取决于争论是一次会议的一部分、是一次谈话的一部分，还是一次展示的一部分。但是，基本原则都是一样的。

## 搞清楚你在争论什么以及争论的原因

从一开始就搞清楚自己在争论什么以及为什么争论总是非常明智的。看一看下面这一争论的开场白：

> 公司应该支持购买 3 New 大街办公大楼的提议。我要列举三个理由来说明为什么。首先，这样做将产生很多利润。其次，我们真的需要更多的空间。最后，这会改善公司的公众形象。

从一开始，辩论者就澄清了他的立场，并通过列举使其论点成立的三个证据将其立场告诉听众。同样，在争论结束时，要重复一下曾经表明的立场：

> 我们已经看到，采纳购买 3 New 大街办公大楼的提议会带来可观的利润。我们非常需要办公空间，而购买那座大楼会解决这一问题。最后，采纳这一提议将极大地改善公司的公众形象。我敦促你们支持这一提议。

请注意，在开始和结束时都以最简单的方式提供了支持这一争论的原因。显然，在争论的过程中可能还有很多的问题需要澄清，但要以支持你的论据的三个关键点作为开始和结束。

---

**提示：有一条众所周知的法则：告诉人们你要说什么，然后再告诉他们一次，最后重复一遍你所说的。人们经常这样做。有充分的理由表明：这是一个极好的建议。**

---

重复的好处之一是能够让人们理解一个事实。至少三次重复一个论点是广告人员的一种常用技术。一旦你五次听到某一种产品能够杀死所有的已知细菌，你就会开始相信它。

## 1.5 小结

为争论做好充分的准备。要确保你已经对事实进行了研究。认真选择你要依靠的关键论据。找到你希望提出的基本论点以及呈现论点的方式。

## 1.6 实战练习

以大纲形式写出你所要说的话。利用下面的结构：

- 前提。
- 支持性事实/原因。
- 结论。

让你的大纲保持简明扼要，然后大声地、缓慢地说出来，并重复三次。这样，在需要提出论点的时候（不管是面对医生、你的配偶还是电工），你都可以用一种具有说服力的方式进行“即兴”演讲。当然，如果你发现看一看大纲会有所帮助，那就看一看。

# 第 2 章
# 金律二：知道何时争论，何时离开

我敢肯定，我们都经历过一些发生在错误时间和错误地点的争论，这是在事后才认识到的。知道何时加入、何时不加入一场争论是一种极其重要的技能。在加入争论之前，你要问问自己：现在是恰当的时间和恰当的地点吗？是应该离开，根本就不参与争论，还是在其他的时间和地点进行争论？

## 2.1 参与争论

要特别考虑下面这些问题：

- 从这一争论中你能否获得积极的结果？
- 是在私下里还是在有其他人在场的情况下进行争论更好？
- 你是否拥有进行有益争论所需的信息？
- 在情绪上你是否为争论做好了准备？
- 其他人是否在情绪上做好了听取你的论点的准备？

让我们单独看一看这些要点。

## 这一争论会产生积极的结果吗?

如果一场争论对于所有人都不会产生积极的结果，那么进行争论就没有任何意义。假设你正在参加一次工作聚会，举办这次聚会的目的是争取新的业务。你向一位仪表不俗的人进行了自我介绍，但不久之后他告诉你，他是当地狩猎组织的领导者。你强烈反对狩猎。你可以就狩猎的道德问题同他进行争论，但这种争论不大可能产生积极的结果。你很可能无法提出一些他不知道的论据。在聚会的环境中，你不能就狩猎的罪恶发表长篇大论。争论不会有什么结果，而且有可能最终损害企业的利益。现在应该走开，或者快速转变谈话的内容。

再假设在家庭圣诞晚餐时，杰夫叔叔开始发表一些憎恶同性恋的言论，你不同意他的说法。你可以找时间和地点同他讨论这些问题，但在享受圣诞晚餐时可能不合适。我们可以很容易地预料到争论的结果：你和杰夫叔叔都会非常激动，而家里的其他人也会对你感到不满。还是另找时间吧。

有些人固执己见，不大可能改变自己的观点。你不可能在一次谈话中说服某人改变信仰。你最多希望让他们产生疑问，并在其他时间进行思考。

**有用的范例**

“要改变你的观点，需要哪些证据?”

这是一个有效的问题。如果对方认为没有什么证据能够证明他们错了，那么你就是在和一名彻头彻尾的偏执狂打交道。

最好走开！

> **永远都不要和偏执狂争论，那是在浪费时间。**

## 私下争论还是公开争论？

这是一个重要的问题，特别是在商业环境中。你需要认真思考。争论是在一对一的环境中进行，还是在一个小组中进行？你需要考虑下面几个问题：

- **保密性**。如果在争论过程中你需要提出一些私密的问题（不论是关于你自己的还是关于其他人的），那么你就需要保证谈话在私下进行，从而不破坏保密性。
- **信心**。如果有其他支持你的人在场，你是不是感觉更有信心？如果你希望有人和你一起参加争论，那么这个人是谁？
- **正规性**。你觉得在一个正式的场合（如一次会议中）进行争论合适，还是在不太正规的场合进行争论更合适？
- **威胁**。如果你知道对方非常好斗且令人讨厌，那最好是和其他人一起或在一次公开的会议中见到他。如果有其他人在场，他们就不大可能盛气凌人。如果他们非常具有攻击性，那么就会有人站出来为你说话。
- **赞同**。有没有人赞同你的观点？如果有，那么在有支持者的小组中提出你的论点会更有说服力。

### 你是否掌握了所有必要的信息？

如果还没有准备好，那就要尽一切努力避免争论。正如金律一所说：手上拥有关键信息是非常重要的。在说下面这句话时，不要觉得不好意思："在给出我的意见之前，我需要更深入地思考这个问题。让我们明天再谈吧。"在争论的过程中，对方可能会提交一些你不了解的信息。此时最好中断一段时间。你可能需要离开并去阅读对方正在谈论的那项研究，或者获得更多的数据。

### 你在情绪上做好准备了吗？

争论需要付出时间、注意力和努力。在你筋疲力尽、情绪激动或时间紧迫的时候进行争论通常会产生相反的结果。即使你总是情绪激动而且一直很忙，那也应该在你准备好解释你的论点、倾听他人的论点后选择一个时间。在咖啡机旁进行的突如其来的关于加薪的谈话不太可能奏效。在凌晨 1 点进行关于关系如何发展的讨论也不会有什么效果。

如果你在生气的时候参加一场争论，那就要特别小心。听到一个人制定了一项你不赞同的决策，你会愤怒地发出一封电子邮件，或者跑去找那个人。要特别注意。要确保你的理解没有出现偏差。如果你怒气冲冲地进入别人的办公室对一项决策大发一通牢骚后却发现自己理解错了，那会非常尴尬。

### 其他人做好准备了吗？

我们在前面讨论的问题同样适用于其他人。你可能对争论非常自信，但对方也必须能够接受你的观点。在与他们对话前，你也许应该为他们提供一些信息让他们提前看一看。你甚至可以向他们提供一份简短的文件，说明你的见解，并建议在会上进行讨论。这会使对方有时间认真思考你的观点，并提供经过深思熟虑的回应。

认真想一想什么时间是进行讨论的最佳时间。星期五下午4点钟对你来说可能是一段好时光，但你的老板可能已经筋疲力尽了。再强调一次，关键在于他们是否能够集中注意力倾听你所说的话，并抽时间听取你的论据。

**有用的范例**

“这个问题真的很重要，我们需要认真讨论。我认为现在不是进行讨论的恰当时间。”

“我们能不能在明天时间更充裕的时候再讨论这个问题?”

“啊，那是老掉牙的论调。好了，我们不再讨论这个问题了，讲讲你在斯凯格内斯（Skegness）的度假经历可能会更有意思。”

## 2.2 避免争论

你是不是发现在自己不愿意争论的时候却经常陷入争论之中？你必须停止这样做。

---

**提示：** 你不需要对所有不赞同的事都进行争论。

---

### 真的需要争论吗？

首先，在每次争论前都要问自己：真的有必要吗？也许你认为你的周围都是一些傻瓜和笨蛋。即使真是这样，那你也不必去纠正你遇到的每一个笨蛋。有些事情就随它去吧。要记住一些在逃避争论时非常有用的话：

**有用的范例**

“这个问题真的很复杂。”

“哇，这个观点很有意思。”

“好了，天亮以后再讨论这个问题吧。”

如果你真的认为不能再让对方处于无知的状态，那最好采取非对抗的方式。你认为下面的说法怎么样？

> “我读到一篇关于这一问题的很有意思的文章。我用电子邮件发给你。”

## 这个问题无法解决吗？

人们喜欢讨论的许多重大问题只不过反映了不同团体之间更广泛的分歧。例如，对生命是否从受精开始的讨论实际上反映出了人们是否信仰上帝。除非有很多时间（如被困在一辆出故障的火车上），否则你就无法对所有的问题进行彻底的争论。如果你无法解决某个问题，那就随它去吧。

有时候，问题是可以解决的，只是对方非常顽固。他们坚持某一观点，不管你说什么，他们都不会改变自己的想法。在这种情况下，争论不大可能产生有益的结果。如果他们似乎不愿意加入争论，那么你就可以从中看出一些警告信号：

"这只是不想就这一问题进行争论。"

"我已经下定决心了。"

有人甚至对我说:

"不管你说什么,我都不会改变我的观点。"

在假定某些原则的合理性时要特别注意,许多人的信念都是基于假设,而不是基于思考或逻辑。有很多人顽固地支持某些事情,而不去思考一下,这真的让人感到惊讶。我还记得多年前同我祖母的一次谈话,她是保守党(Conservative Party)的狂热支持者。我列举了一系列问题(如教育、国防),对于每一个问题,她都支持工党(Labour Party)的政策,而不支持保守党的政策。最后,我记得我问她:"奶奶,对于每一个问题,你都支持工党的政策,那么你为什么要支持保守党呢?""因为我一直支持它。"她答道。我真不知道该说什么好。

## 了解你的"机关"

大多数人都有"机关"。只要有人提到某一事件,我们就会开始发表长篇大论。20 分钟后,我们已经筋疲力尽,我们可怜的朋友看着我们说:"唉,我想我不该说那些话。"一旦知道自己对某一问题具有强烈的感受,有可能使你反应过度,那就要注意。认识到自己很容易陷入片面之中,那就要努力使自己保持冷静,并向自己提出下面这个问题:时间、地点恰当吗?争论的对象恰当吗?

## 2.3 小结

记住，你没有必要就每一件你不赞同的事进行争论。通常，更好的做法是随它去。如果有必要进行争论，那就要确保你已经做好了准备。要确保进行谈话的时间和地点都是恰当的。如果不恰当，那就选择另外的时间。

## 2.4 实战练习

深吸一口气，问问自己：

- 现在是恰当的时间吗？
- 在这里进行争论合适吗？
- 对方是进行争论的恰当人选吗？

如果答案都是肯定的，那就再深吸一口气，然后开始争论。如果不是，那就离开。

# 第 3 章
# 金律三：知道要说些什么以及如何说

在理想的世界中，所有争论的胜负都取决于事实真相，而不是其表达的方式。但是，我们并非生活在理想世界中。我们无法逃避这样的事实：争论中的表达方式至关重要。广告都是为了说服你购买一种你本不打算购买的产品，而且大多数广告都取得了巨大的成功。许多人在争论中获得了胜利，并非是因为他们的理由更充分，而是因为他们对其观点的展现更好。许多拥有正确观点的人在争论中失利，是因为他们没有能够以一种有吸引力的方式展示其观点。

将争论看成是一场理智之战是一个重大错误。在许多争论中，感性与理智同样重要。你曾经听过一场伟大的演讲或报告吗？赢得一场争论可能并不是由于理智的力量，而是因为感性诉求（emotional appeal）。巴拉克·奥巴马（Barack Obama）赢得美国总统大选并非真的因为其理性诉求，而是因为其感性诉求以及令人信服的演讲。

## 3.1 展示

那么，如何才能让你的论点尽可能有吸引力呢？下面是一些指导方针。

## 清晰性

别以为你的论据越复杂就越有说服力。即使是最困难的问题也可以归结为几个简单的要点。这并不是要降低难度。你可能会涉及一些复杂的想法，但最终你差不多总是可以回归到你的要点上。如果与你争论的人不了解你主张或你为什么要提出这一主张，那就不大可能取得任何进展。

众所周知，诈骗案很难起诉。原因之一是辩护律师很容易进行辩护。你要做的一切就是让陪审团感到困惑。提供一大堆复杂的金融信息，并请一些满嘴行话的专家，陪审团很快就会被搞糊涂。他们必然会无法确定被告是否犯了罪。

在争论中也是如此。让你的对手感到困惑，你就有可能说服他们这一问题十分复杂。但是你无法说服他们你是正确的。

## 简洁性

我曾经谈到过这个问题，但现在要重复一遍：保持简明扼要。一个有用的指导是“明信片测试”。你能把你想要说的话概括在一张明信片上吗？除非有人要求你对某一问题进行具体说明，否则你就应该把你的论点限制在三个之内。

**大多数人在争论中说的话太多了。**

讲清楚 1 个要点比讲清楚 40 个要点更好，否则会令听众感到困惑或厌烦。记住，只需要有一个论点发挥作用即可。因此，要选择最好的论点并充分利用它们。

关注下面这个问题："他们需要知道什么？"如果你所说的都是别人知道的，那么他们就会感到厌烦。如果在长达15分钟慷慨激昂的演讲中你无法提出一个他们不知道的论点，那么他们就不会投入精力来倾听你所说的话。我知道，提出所有的论点是很诱人的，但还是留下一些吧。听听其他人的反应。他们是否正在谈论你的三个论点，还是需要向他们进行解释？他们是不是差不多被你的三个主要论点说服了？在这种情况下，你的其他一些论点是否也会发挥作用？你非常了解这个问题吗？每向前迈出一步，你都要特别小心。

## 热情

对你的论点保持热情。向人们显示你很关心这一问题没有错。在争论中，不要咄咄逼人，但要积极、活跃。如果你看上去似乎很厌烦或者毫无兴趣，那么在你说话的时候人们具有同样的感受也就没什么值得惊讶的。

## 有一个好的开端

在你开始呈现你的论点时，你希望人们立刻从你的立场出发来看待这一问题。在这一方面，律师做得很好。他们的开场白会努力影响陪审团看待一个案件的视角。

**正确的做法**

辩方律师："在这一案件中，一位清白的、有家室的人被一名糊涂的证人错误指证，并受到了警察粗暴的对待。你必须为无辜者的权利而辩护。"

诉方律师："这个人在这位无助的老奶奶家里野蛮地攻击了她。我们有起诉他的足够证据。我们必须保护社会不再受到这种威胁。"

或许他们的表述并不与上面所说的完全相同，但你应该理解了大致的意思。律师的开场白非常重要，因为他们想要陪审团从某一视角来看待证据。例如，如果你想要争辩采纳某一提案将会严重危害公司的财务健康，那么你就会希望对方看一看所有的证据，并提出这样的问题："此处的财务风险是什么，这一风险会对我造成何种影响?"如果你能让他们从这一角度来考虑该提案，那么你就走上赢得争论之路。

## 举证的责任

在争论中，这是一个真正重要的问题，但许多人并没有认识到其重要性。看看下面这位会议主席的说法：

"嗯，这个提案看起来很有意思。有人能够想出我们不应该实施它的理由吗?"

通过以这种方式提出问题，这位主席将举证的责任（burden of proof）交给了那些认为不应该实施这一提案的人。没有必要支持这一提案，因为它是假设的。想象一下，如果那位主席说：

"嗯，提案就是这样。有人能够想出令人信服的证据表明我们应该采纳这一提案吗?"

因此，在争论中，如果你赞成购买某一型号的新车，那么你就应该采用下面的说法：

“给我一个不应该购买这辆汽车的理由。”

这样说实际上是假设买车是好的。你可能会说：

“给我一个好的理由，说明我们为什么应该购买这辆汽车。”

但是，这样做就将举证责任推给了“找一个好理由购买这辆汽车”。因此在争论中，要通过提问为什么不接受你的观点来尝试把握争论的发展方向。这样的话，持怀疑态度的人会站在你这一边，除非事实证明有一个反对你的好理由。

## 好事成三

所有好事都是三件一起来。

广告商经常使用三人组。它们知道这是有效的。

为你的论点编上序号可能听起来太正规，但这有助于听众了解你要走向何方，同时也有助于他们记住你的论点。它还有助于听众知道你的发言还有多长。

“为什么我认为应该支持这个项目呢，有三个主要原因。第一个是……”

这种说法就是向听众保证，你不是在进行即席演讲。你已经对这个问题进行了深入的思考，并考虑到了他们的时间是有限的。

## 不要片面

在争论中，你可能只想提出你的论点。挨家挨户上门推销的人总是这样做。他们会列出购买一种产品的所有好处，并且设法避免让你思考不利之处：最明显的事实就是那种产品会让你花很多钱！我相信，我们都遇到过一些悲观主义者，对于每一个建议，他们只会考虑不利的一面。对于每一个外出度假的建议，悲观主义者都会这样说：

> “呃，可能会下雨，旅馆可能会很差劲，我讨厌吃那些食物，而且可能会很贵。”

然而，真正有益的争论会努力对另一方提出的论据做出回应。实际上，如果你能呈现出反对你的提案的论点，然后再对其进行反驳，那你就可以令对手泄气。如果他们试图重复其论点，那么听起来他们就显得唠唠叨叨，而听众就会对其持负面的观点。

这样做也有一点儿风险。如果过多地谈论另一方的论点，那么你就会在听众头脑中埋下怀疑的种子。你甚至还有可能启发对手，让他们找到一个好的论点来反对你！我建议你遵循下面的两个关键原则：

- 除非你能够做出良好的回应，否则就不要提出反对的论点。
- 如果存在某种显而易见的回应，那就提出反对的论点。

**提示：** 如果可能的话，就提前反驳对手的论点。否则就不要提及那些论点。

## 幽默的应用

幽默对于赢得一场争论来说非常重要。在争取人们的支持方面，它可以发挥重要作用。如果在呈现你的论点时以一个笑话开头，那么人们可能会更加认真地倾听你的话，并希望你再讲一个！笑声有助于让听众一致支持你的观点。

但是，幽默也存在着一些风险。有两种风险一定要记住。首先，它有可能转移听众的注意力。我相信，我们都听过一些演讲，并在演讲结束后说："太有意思了，但那个人说了些什么？"如果你只是在努力让人们喜欢你（比如说你是一名候选人），那这样做就没有问题。但是，如果你正在试图说明一个重要的观点，那这种做法就会出问题。因此，在进行轻松的对比时使用一些玩笑是值得鼓励的，但不要过分。

其次，最好避免使用一些"残酷的"幽默。

**错误的做法**

"我不知道是什么原因让你这么愚蠢，但你确定够蠢的。"

"我现在有点儿忙。能不能另外找个时间来反驳你？"

对你不赞同的人做出令人不快的评论可能会带来一时的笑声，但不会让听众喜欢你或赞成你的观点，而且肯定不大可能意味着你可以同对方进行有益的讨论。你希望人们同你一起欢笑，但不是嘲笑你的对手。

## 利用情感联系

据说，美国的饭馆对于所谓的“妈妈精选”菜肴平均多收15%的费用。一个关于家庭的类比就会使普通的东西显得特别起来，这真的让人非常惊讶。在争论中也是如此。

对于我们中的很多人来说，语言、形象或气味可以传递出很多的情感。房地产经纪人建议在潜在购买者来看房前煮些咖啡或烤些面包并非没有意义。广告商向名人支付大量的金钱以便促销其产品，他们会认真思考二者之间的联系。某些人可能会让你立刻联想到可靠和可信任，因此他们可以用来促销金融产品。另一些人与美貌和性感有关，因此他们可以用来促销香水。

所以，在提出论点时，要利用积极的联系。你希望你的论点同哪一种情感产生关联？你希望展现出无情、友好，还是在财务上精明？将你的论点与某一种特定的属性联系在一起，并且这一属性也是听众会联想到的。

**有用的范例**

“这个提案就如阿兰·舒格（Alan Sugar）解雇别人的时候那么简捷有力。”

认真思考你使用的词语。我们都知道，词语可以传送出丰富的含义。小报的撰稿人非常了解这一点：

“变态者正在悄悄接近女仆”

这一标题比下面的标题更能吸引人们的眼球：

“一个男人被发现在学校外面游荡”

对词语的应用非常重要。在考虑如何表述你的论点时，要选择那些能够强烈表达观点的词语。对于赢得一场争论来说，有时候一句能够抓住人们耳朵的妙语会比100个统计数据更有效。

## 滥用比喻

这涉及将其他人的论点与某些令人不快的事物联系在一起，换句话说，就是嘲笑其他人的论点，但是，加入一些智慧，你的攻击会更有魅力。在以一种激烈的方式拒绝其他人的论点时，总是存在着一种风险，使你看起来很粗鲁。这不大可能在你的争论对手或听众之间建立起积极的关系。利用幽默的对比使你能够直率地对待其他人，但又不显得很低劣！但是必须小心。如果出现差错，你就会失去人们的同情。例如，考虑一下下面这种对其他人论点的描述：

**有用的范例**

“演讲就像是一头得克萨斯长角牛（Texas longhorn）：这里一个要点，那里一个要点，而中间是一头牛。”

## 保持冷静

保持冷静非常重要。肯定会输掉一场争论的方式之一就是开始对其他人大喊大叫。我记得曾经看到过一位父亲对他刚学走路的孩子声嘶力竭地喊叫："我是慈祥的父亲，你必须按我说的做。"他的声音中所具有的攻击性远远超过了话语的内容。

我们都知道，在很多争论中，最先失去控制的事情之一就是我们的情绪。说保持冷静很容易，但如何做到呢？

需要记住的第一点是：在争论中，有时候其他人会试图让你发怒。他们可能会说一些故意设计的事情来激怒你。他们知道，如果他们能够让你丧失冷静，你就有可能说一些愚蠢的话，而且你还会发脾气，这样你就不可能赢得争论的胜利。请注意，政治家发脾气的情况十分罕见。他们知道，丧失冷静会令他们在选民中失去吸引力。因此千万不要上当。对方可能会说一句话来引诱你发怒，你最有效的回应就是对对方提出的问题给予冷静的回答。实际上，任何有洞察力的听众都会称赞你"没有上当"。

---

**提示：要注意其他人有可能会试图激怒你。要注意那些有可能令你发怒的情况。尽量避开它们。**

---

如果你感觉自己快要发怒了，那就努力保持冷静并专注于争论的问题。如果对方对你进行人身攻击，不要理睬他。

鲍伯："你是一个法西斯种族主义者。你是个人渣。"

汤姆："鲍伯，你看，我们正在讨论的是能不能进行积极的差别对待（positive discrimination）。这是一个复杂的问题。现在，我所说的是对少数民族设定员工限额会导致他们的怨恨，并延缓反歧视的进程。你对这一论点有何看法？"

在此，汤姆没有理会鲍伯的人身攻击，而是回到了讨论的主题。他很容易以人身攻击进行回应，但是争论不会取得任何进展。当然，如果鲍伯进一步进行人身攻击，那么汤姆最好停止争论。

应该记住的第二点是：要了解一些警示信号。通常，在发怒之前，你的身体会有一些变化：面红耳赤，心跳加快，情绪激动。要了解你开始发怒时的一些感受，这样你就可以提前采取一些预防措施。

还要注意一些会令你激动的情况、言词或问题。有些人在其权威受到挑战、正直受到质疑，或者感到别人正在告诉他们应该怎么做时，会做出愤怒的反应。每个人的反应都不一样。如果你了解这些情况，就要小心提防。

应该记住的第三点是：如果你感到自己的心跳加快，并且马上就要发怒，那就要努力保持冷静，深吸一口气。最好这样说："我想我们应该换个时间讨论这一问题。"如果有必要的话，就转身离开。去喝一杯水，或者躺下来休息一下（如果可能的话）。不断对自己说："我不会为此发怒。"（当然声音不能太大!）

转身离开可能不是你最想做的事，但总是比发怒要好一些。一旦冷静下来，你就能够更好地应对这一问题。如果做不到这一点，那就慢慢地从1数到10，或者回忆一下你所有的朋友。做一些事情以转移你的思绪。如果你感到自己会发怒，那就事先考虑好到时候要想些什么事情。

应该记住的第四点是：大声告诉对方，他所说的话让你很生气，这样做或许会有所帮助。承认你很生气有助于你和对方理解这一谈话对你的影响。你可以非常坦白地承认对方的观点：

“我知道你刚才所说的是你对宗教的观点，但这让我很不舒服。”

应该记住的第五点是：让你的声音保持平静、柔和。许多人并没有意识到自己在大喊大叫。如果你感到自己言词激烈，那么你很有可能在吼叫。因此在说话时要故意保持平静。

---

**提示：如果你感到自己发怒了，那么你的攻击性可能比你想象的要大得多。**

---

如果对方说话的音调提高了，那么你很有可能也会调高自己说话的音调。如果他们说话的声音加大，那么你也会这样做。要注意这一点。不要让他们的愤怒引发你的愤怒。

## 3.2 身体语言

我们身边有很多关于身体语言的优秀图书［你可以看一看詹姆斯·伯格（James Borg）所著的《身体语言》（*Body Language*），该书由 Prentice Hall 于 2008 年出版］。在本书中，我只是简单地列出一些要点。正如人们常说的：“70% 的沟通是通过身体语言发生的。”下面是一些最重要的技巧：

- 不要站得或坐得离对方太近。
- 站在或坐在他们的对面。
- 利用一些目光接触，但不要过度。
- 采用开放式的身体姿势：不要把双臂交叉在胸前。

同样，要注意对方的一些信号：

- 他们的双臂是否交叉在胸前？如果是，这表示他们很紧张。
- 他们看起来是否坐立不安或者不舒服？这可能表示他们还没有完全放开。

## 3.3 使用生动的语言

使用生动的语言！我并不是要你说脏字！我的意思是要用一些生动的词汇和短语为你的论点增加色彩。不要太过火了：你并不是在参加英国皇家戏剧艺术学院（RADA）的面试。但是，你有很多办法令你的论点吸引听众：

- **使用类比法**。当微软公司（Microsoft）被要求在其浏览器中捆绑其他公司的软件时，比尔·盖茨（Bill Gates）说，这就像“要求可口可乐公司每运送6听可口可乐要加上2听百事可乐”。这种立刻就能让人听懂的类比能够很好地表达出自己的观点。避免陈词滥调。要创造出你自己的类比。如果你想要说明对方正在试图完成不可能完成的任务，那就可以考虑用一个众所周知的人物进行类比：“这就像试图让戈登·布朗（Gordon Brown）自然地微笑一样。”（戈登·布朗是前任英国首相，因做过牙齿手术，所以能够一直保持微笑，但有些不自然——译注。）或者说：“这就像试图教理查德·道金斯（Richard Dawkins）祈祷一样。”

（理查德·道金斯是英国演化生物学家、动物行为学家和科普作家，也是当代最著名、最直言不讳的无神论者和进化论拥护者之一——译注。）

- **使用“强化因子”**。这些“强化因子”是一些具有强烈关联性的词语。要避免使用“非常”或“很多”之类的词汇，而要选择能够明确传达某种含义的词语。看看广告商使用的词语。漂白剂不仅能够起到清洁的作用，而且还能“杀灭细菌”；保湿液不仅能够保湿，还能够“使皮肤柔软”和“吸收水分”。
- **要谨慎地选择术语**。参与争论的任何人都知道应该使用哪些术语。例如，想一想在关于堕胎的争论中使用的术语：是一个胎儿（foetus）还是一个未出生的婴儿（unborn child）？不管是否是有意识的，双方都会设法使用各自的术语，因为这会影响人们对论点的看法。要避免使用对方的术语，因为这可能会使争论偏离原来的方向。

当有人向美国政治家艾尔·史密斯（Al Smith）询问他对酒精的看法时，他说：

“如果你认为酒精是清白的亵渎者、贞节的腐蚀者、疾病的根源、思想的毁灭者、失业和家庭破裂的原因，那么我当然完全不同意。但是，如果你认为酒精是友谊的天使、谈话的润滑剂、令人喜悦的暖流并让人心情愉快，它创造的税收为国库带来了无限的收入，而我们可以利用这些钱来教育我们的子女、照顾盲人、赈济贫困的老年公民，那么我会非常赞同你的观点。”

词语在回应论点方面也很重要。看看下面来自一位会议主席的两种回应：

“摆在我们面前的是一项经过认真研究并经过充分讨论的提案。”

这一陈述比下面这种陈述更有可能让人们接受这一提案：

“是的，呃，很……嗯……有意思。还有人要发言表示赞同它吗，要不然我们就采纳它？”

## 3.4 向他人授权

争论的最佳方式不是告诉对方应该做些什么，而是让他们自己解决问题。如果某人参与了解决方案的制定，那么他就更有可能成为解决方案的主人翁。这就是为什么将双方的论点都提交给人们时更具说服力的原因。考虑一次地区会议，鲍伯说：

“在此，我们需要决定是否要反对新建起来的移动电话天线塔。我们已经知道了所有的好处：我们接听电话时信号会更好一些；我们会额外得到一些钱；我们可以为那块荒地找到一个用途。我们也都知道这样做的坏处：我们的孩子患癌症的风险会略有增加；那块土地不能再用来修建奇妙的新游乐场；它会破坏我们从山上俯视时的景观。我们需要权衡这些利弊，以制定我们的最佳决策。”

你可能会略感困惑，不知道鲍伯到底支持哪一方，他没有直接告诉你应该考虑些什么。他把这个问题留给你去解决。当然，他为你思考问题设定了明确的路径。

## 3.5 小结

花些时间描述你的论点。要确保你的描述简单、有吸引力。不仅要考虑你赞同的论点，也要考虑对方的论点。要利用令人兴奋的语言吸引听众支持你的观点。

## 3.6 实战练习

如何展现你的论点与穿一套新衣服或修剪一下头发无关。当然，在很多情况下，仪表也很重要。但在争论中，要修饰你的言词。要让你的言词清晰、丰富多彩并具有鼓动性。利用幽默和谦逊鼓励对方站在你的立场上看问题。这样你就会在争论中获胜。

# 第 4 章

# 金律四：倾听，再倾听

争论的目标是向对方解释你关注的问题或关于某事的观点，并希望能够吸引他们按你的思维方式进行思考。因此，清晰地表达你的观点至关重要，我们将在后面讨论这一问题。但是，如果打算说服对方，那么你就必须倾听他们在说什么。

**倾听，倾听，再倾听。这是一个非常好的建议，因此我重复了三次。**

这样做有三个重要的原因：

- 只有在你解决了对方关注的问题时，你才能说服他。
- 你必须以其他人认为有说服力的方式呈现你的论点。
- 通过在倾听的时候保持安静，你就为对方呈现其论点提供了时间。他们观点中的不足之处就会更加清晰（不论是对他们自己来说，还是对其他人来说），他们就有可能“搬起石头砸自己的脚”。

作为一条一般性规则，你应该花更多的时间倾听而不是讲话。我们的目标是：在谈话中，75%的时间用于倾听，25%的时间用于呈现你的论点。

---

**提示：** 你希望和其他人进行交谈，而不是对其他人说个不停。

---

## 4.1 鼓励对方说话

倾听似乎是世界上最容易做的事，但实现上却很难做到。常见的情况是：在别人正在说话的时候，你在思考自己想说的话。当一个人打断另一个人的话时，你可以最清楚地看到这一点。他们过于关注自己想要说的话，以至于没有倾听。

---

**提示：** 不要打断别人。这很不礼貌。打断别人就是在暗示你想说的话比别人正在说的话重要得多。

---

倾听别人的话并不仅仅是在他们说话的时候保持安静。它还涉及努力理解其他人的话以及他们为什么会这样说。如果不理解，那就请他们澄清。有些人需要别人的帮助才能解释他们的观点。正如我们在前面所说的，有些人只是说出他们的结论，需要别人的鼓励才会解释其中的原因。

> “这真的很有意思。我从来没有遇到过一个人认为世界是平的。你为什么那样想?”

提问一个对方的问题非常重要，因为它向你揭示出他们的观点来自何方，其论点的基础是什么。只有弄清楚这些问题，你才能设法向他们发起挑战。

你可能会发现对方并不知道他们为什么会那样想。你甚至需要帮助他们：

> “你说近亲结婚让人感到恶心。这是出于宗教的原因，还是担心他们的孩子会出现先天畸形？”

当然，有些人（可能是大多数人）没有认真思考过他们为什么会持有某一观点。

## 4.2 强调对方的论点

看一看下面的争论：

**错误的做法**

布莱恩：“没有其他选择了，我们不得不解雇露西。”

希　拉：“但是她有两个未成年的孩子，解雇她太残酷了。”

布莱恩：“她花公司的钱太多了，我们需要降低工资支出。”

希　拉：“但快到圣诞节了，这对孩子们来说太难受了。”

布莱恩：“如果不采取措施降低成本，公司就要完蛋了。解雇她是降低成本最便捷的方法。”

希　拉：“你太残忍、无情了。”

布莱恩：“我们必须现实一些。”

希　拉：“你根本就不明白。”

这一争论进行得并不顺利。希拉和布莱恩两个人之间的问题在于他们没有倾听对方在说什么。布莱恩没有考虑希拉反对解雇露西的真正原因。他可以提出很多论点证明这一决策在财务上是多么明智，但这些论点都没有考虑希拉关注的核心问题，即有关露西孩子的问题。同样，希拉也可以提出很多关于孩子的论点，但却没有从布莱恩的角度来考虑问题。这就像两个人一起打网球，但打的不是同一个球。这一争论不会取得任何进展。布莱恩需要说服希拉，解雇露西对于她和她的家庭来说不会非常严酷，或者想出一种方法来降低解雇的影响。例如，也许可以在圣诞节之后再解雇露西。如果希拉说服布莱恩不解雇露西，那么她就需要找到其他省钱的方法。

因此，争论中非常关键的一部分就是倾听对方提出的陈述，并发表自己的意见。如果没有这样做，那么你就会不断发表一些对方不认同的观点，而你也无法表达出自己不同意的原因。

## 4.3 哪些论点能够说服对方？

区分卓越争论者和优秀争论者的方法是看他们能否提出令对方信服的论点。你可能拥有大量杰出的论点支持你的看法，但你需要从中选出最能说服对方的论点。然后，你还需要考虑展现这些论点的最佳方式，以使它们最具吸引力。你认为非常好的论点在对方看来可能并不好。

看一看艾莉森（Alison）和查尔斯（Charles）之间的争论：

**错误的做法**

艾莉森："领取福利的人都是贪小便宜的人和懒惰的乞丐。"

查尔斯："那不公平。我的朋友玛丽（Mary）几个月来一直在找工作。她真的很努力，但找工作并不容易。"

艾莉森："上星期我在报纸上读到了这篇研究报告，上面说我们每年因为福利欺诈损失1200万英镑。"

查尔斯："但是玛丽没有欺骗任何人。她非常诚实。"

艾莉森："你知道我们交的税中有多少用于支付福利费用？我拼命工作才能挣到工资，而税收却作为福利支付给那些不工作的人。"

查尔斯："但我不介意把我的钱支付给玛丽这样的人。这是她应得的。"

这一争论反映出了人们在辩论过程中的一个常见问题。有些人关注宏观层面，他们发现统计数据和研究报告非常有说服力。而另一些人从个案的角度看问题。

在艾莉森和查尔斯的争论中，查尔斯就是那种从个案角度看问题的人。因此，如果艾莉森要想说服他同意自己的观点，她就要举出实例来证明领福利的人是"懒惰的乞丐"。同样，如果查尔斯想要说服艾莉森同意他的观点，他就需要找出支持其观点的研究报告或专家的看法。她似乎不是那种能够被个人的故事说服的那种人。

实际上，大多数人会找到个人故事与令人信服的统计数据的某种组合。这样，特别是在同一群人或你不太熟悉的人谈话时，你就可以既提出基于宏观层面的论点，也提出基于个体情况的论点，请看下面的例子：

**正确的做法**

“我们需要重新对办公室进行布局。从计划中你可以看出，这会增加250平方英尺的额外空间用于办公，并增加两张新的办公桌。对增加的面积，每平方英尺只需要60英镑。让我们以斯蒂芬为例。现在，他挤在一个狭小的空间里，并且需要浪费很多时间走到办公室另一侧的文件柜中取东西。根据我的提案，他会感到更舒适，而且也不会再浪费时间。”

在这个例子中，争论者既把注意力集中在总体数字和统计数据上，也给出了这一提案对个人的好处。

## 4.4 对方的偏见或假设是什么？

我们都遇到过一些具有偏见和假设的论点。认真倾听对方在说什么。他们做出的假设是什么？他们认为哪些论据更有说服力？

要记住，对方可能有一些在短时间争论中无法动摇的核心信念。你无法说服一名爱国的美国人承认他的祖国在过去20年中执行的外交政策是错误的。一位信仰宗教的人更有可能赞同基于宗教的论点，而不太相信基于无神论的假设。

还有一些不太明显的要点也要记住。我们都有关于自己的观点。我们都有自己特定的形象，如果别人不像我们看待自己那样看待我们，那么我们就会感到非常不安。在一场争论中，迎合对方非常看重的价值是一个不错的主意。

鲍伯：“桑杰夫（Sanjev），所有人都知道你很守信用。就在几天前芭芭拉还说‘桑杰夫信守诺言’。因此你不会违背上星期的承诺吧。”

在这一争论中，鲍伯借助了桑杰夫对于自己“可信赖”的认同感。大多数人都非常在意自己的名誉以及别人对自己的看法。重视一个人的核心价值观，并将你的论点与这些价值观联系起来，这会非常具有说服力。

**有用的范例**

“如果你这样做，人们就会认为你不诚实且老于世故。你愿意让人们把你看成那种人吗？”

## 4.5 对方尊重谁？

找出对方尊重或信任的人非常重要。假设对方是巴拉克·奥巴马（Barack Obama）热情的支持者。如果你能指出他们的观点有悖于奥巴马的观点，那将是一种强有力的手段。至少你应该能够对他们说：“如果奥巴马不同意你们的观点，难道你们不认为至少需要认真考虑一下这个问题吗？”

在考虑应该使用哪些统计数据时，这一点也很重要。比如说，如果你知道对方是某一儿童慈善团体的热心支持者，那就看看能不能找到一份由这一团体发布的支持你的观点的研究报告。至少要避免使用对方不认同的团体发布的统计数据。一名激进的无神论者不可能相信由英国教会（Church of England）发布的关于祈祷的力量的报告。他们会更相信由无神论者发表的证明祈祷有益的报告。

## 4.6 找到共同点

在一场争论中，成功的关键在于找到一些共同点。是否有一些你们共同认可的事实？只有找到双方都认可的事实，争论才能取得进展。看看下面这场发生在父母之间的争论。

**正确的做法**

妈妈：“我们不能再让汤姆看《神秘博士》（*Dr. Who*）了。他看电视的时间太长了。”

爸爸：“是的，但他喜欢看《神秘博士》。真的很难不让他看。”

妈妈：“没错，但我们都认为汤姆看电视的时间太长了，对不对？”

爸爸：“是的，我同意。”

妈妈：“他今天已经看了两个小时了，对不对？”

爸爸：“是的。”

妈妈：“因此，他不能再看电视了。”

爸爸：“说的好，我们把它录下来，这样他就可以在明天观看了。”

妈妈：“这个方法不错。我们能不能定一条规则，让他每天最多看两个小时的电视？”

爸爸：“可以，这个规则很好。”

这一争论获得了很好的结果。其实这种争论很容易出现问题。妈妈做得很好，她提出了一些双方都认可的事实。在看到这些事实后，爸爸也同意，这样他们就可以找到一个解决方案。

从这一争论中我们还可以学到一点，就是使用代词非常重要。“我们”这种说法可以让另一方加入进来，而且是强调你们共同认可的一种有用的方法。

**有用的范例**

“看看我们的共同点是什么。”

“你能再给我解释一次吗？我无法理解你的观点。”

“我们需要为这个问题找到一种我们都能接受的解决方案。”

与一个人积极的一面联系在一起。有可能的话，找出你们共同认可的领域。

> “我同意，在那次展示中，你提出了很多杰出的观点。但是，我们确实需要对利弊进行权衡。”

即使听起来有些老套，像是在奉承，但人人都喜欢恭维。不能因为你正在同别人进行争论就不善待对方！

## 4.7 你不认同事实该怎么办？

有时候，你可能并不认同对方提出的事实。在这种情况下，争论有可能无法取得任何结果。在前面提到的父母的争论中，如果他们不能就汤姆在当天早些时候是否看过电视达成一致，那就很难解决这一问题。

有时候，假设某一事实是正确的以便让讨论得以进行是非常有用的。例如，你可能会说：“让我们假设X是真的，如果是这样的话，我就同意你的看法。”这种说法清楚地表明，你不一定认为X是真的，如果事实证明X不是真的，那么你就不会同意对方的观点。

如果你认为自己拥有一个非常令人信服的事实（即使你的断言是错误的），那么这一方法就特别有效。

鲍伯：“你认为我们应该解雇丽莎（Lisa），因为她对我们撒谎了。现在，我们对她是否撒谎存在分歧。我们暂时假定她真的撒谎了。即便如此，我仍然认为不应该解雇她。以前她从来没有撒过谎，而且工作十分努力。”

如果鲍伯不采取这一策略，那么这一争论会因对丽莎是否撒了谎存在分歧而无法取得进展。但是，如果鲍伯在争论中占了上风，不管丽莎是否撒谎都应该留下她，那么她是否撒了谎就不太重要了。

类似策略也可以用来为争论找到一个“视条件而定的解决方案”（contingent solution）。

吴：“我知道我们在这一项目的成本上存在分歧，但看一看这个方案如何？我们可以请财务部门计算这一项目的成本。如果他们确定该项目的成本低于30万英镑，我们就开始实施，但如果超过这一金额，我们就终止该项目。”

在这类例子中，事实是未知的或存在争议，因此在知道事实之前继续进行争论没有多大意义。最好是在了解真实情况之前停止争论，或者达成一个协议：具体结果视实际情况而定。

## 4.8 小结

因此，从许多方面看，倾听都是有益的。你可以了解对方的观点，然后就能够进行反驳。你找到了他们的观点，然后就可以知道采用哪种方法能够最好地说服他们相信你的观点。在你让他们信口开河地发表演讲的时候，说不定他们会掉进自己挖的陷阱里。因此，倾听，倾听，再倾听。我重复了三次，因为它非常重要。

## 4.9 实战练习

在倾听的时候，注意不要去想接下来你要说些什么。练习专心地倾听，要准确地理解对方在说什么。这样做，你就可以增加论点的深刻性，并且能够找到一些共同的基础，使得争论能够继续进行下去。

# 第 5 章
# 金律五：掌握回应对方论点的方法

正如我在前面多次提到的，成为一名优秀的争论者意味着你不仅要提出自己的观点，还要对其他人的观点做出回应。最好的争论方式是提出你的最佳论点，并设法反驳其他人的论点。

对一个论点做出回应的方式有三种：

- 质疑对方依赖的事实。
- 质疑对方得到的结论。
- 接受他们的论点，但证明其他论点胜过他们的论点。

看一些例子会更清楚。

> 所有英国人的穿着都不合体。女王是英国人。所以女王的穿着不合体。

这里有两个前提：“所有英国人的穿着都不合体”和“女王是英国人”。从中得出的结论就是“女王的穿着不合体”。在逻辑上这是合理的，但如果你想要质疑这一论点，你可以质疑第一个前提——“所有英国人的穿着都不合体”正确吗？你能不能想到一个穿着非常合体的英国人？（很可能找不到！）你还可以质疑另一个前提——女王是英国人——但我们很难否认这个前提。正如本例所示，有时候你无法指出某一论点逻辑中的错误，但可以质疑作为论点基础的前提的正确性。

教皇是天主教徒。教皇反对堕胎。所有的天主教徒都反对堕胎。

这一论点有两个前提：“教皇是天主教徒”和“教皇反对堕胎”，而且大多数人都会认同这两点。但是，此处的结论并非由这两个前提推导出来的。仅仅因为某一团体中的一个人持有一种观点，并不意味着所有人都持有那个观点。

下面是另一个错误的论点：

香蕉是水果。香蕉是黄色的。所有水果都是黄色的。

在上面这两个推理过程中，人们根据无可争辩的事实，却得出了不可靠的结论。因此，结论并非总是从事实中推导出来的。质疑其他人得出的结论是对一个论点进行回应的另一种卓越的方法。

质疑一个论点的第三种形式是接受前提和结论，但表明这一论点忽视了其他一些因素。

步行上学对健康有利。我们都想健康。因此我们都应该步行上学。

暂时假定这一论点的前提和逻辑都是正确的，因为它们的确有可能是正确的，但这并不是争论的结束。我们可能希望健康，但我们还想要得到其他东西（如准时到达学校、高高兴兴地去上学），需要与这一论点进行权衡。另外，要想使身体更加健康还有其他方法，而且在日常生活中更容易做到。因此，尽管步行上学值得称道，但你可以通过引入其他更适合这一特定情况的因素对得到的结论提出质疑。

让我们更详细地讨论一下对论点做出回应的不同方法。

## 5.1 对事实提出质疑

假设鲍伯这样说：

> “英国的平均气温不断下降，而不是上升，因此谈论全球变暖问题没有意义。”

关心全球变暖问题的人可以通过质疑这一论点的事实基础来做出回应。他们或许可以进行一次调研来证明实际上英国的气温在不断上升。

正如我们在前面看到的，统计数据和研究报告会把人们引入歧途。在金律一中我们看到，统计数据很容易被误用。要记住对统计数据提出下面这些关键的问题：

- 研究是由谁进行的？是独立进行的吗？
- 样本量有多大？具有代表性吗？
- 这一研究要明确说明什么问题？

人们很容易被“科学”二字所迷惑。要当心那些试图用长长的术语迷惑你的人。著名逻辑专家麦德森·皮里（Madsen Pirie）列举了一个例子，说明一些非常简单的事情是如何被变得极其复杂的：

> 驯服的小型食肉四足动物以静坐的姿势将自己安置在纹理粗糙、匆匆织就的水平织物上。

用更简单的话说就是：一只猫坐在垫子上！

在争论中，让某件事听起来十分复杂是一种常见的伎俩。这样你就无法理解并进行反驳。这一伎俩是为了让你相信：你不够聪明，不能理解他们的论点，因而应该认可他们所说的。这种诡计在学术界更加常见。我的体会是：实际上，真正聪明的人能够用一种非常直白的方式来解释他们的想法。正是那些不太聪明的人才会认为有必要用长长的术语或复杂的观念将他们的想法打扮起来。要求他们以一种能够让具有适当理解力的人明白的方式解释他们的想法，对此你不应该感到有任何尴尬。如果他们做不到，那么问题就出在他们那里，而不是你这里！

---

**提示：有些人依靠这样一个原则生存：如果 14 个字母的单词能够表达出自己的意思，那就绝不用 4 个字母的单词。要注意这些人！**

---

如果你假设一个人在某一领域是专家，则他在所有领域都是专家，那么依赖专家也会存在问题。当然，我们知道他们在某一领域中知识渊博，但对于其他许多领域来说，你可能更加精通。当然，我们不会听信一位理论专家关于汽车这一话题的

论述。我认识许多人，他们在各自领域中是世界级的专家，但我无法接受他们关于牛津的哪家理发馆最好的意见，实际上，他们的发型更能够说明哪家理发馆最差！

值得注意的是，新闻界都喜欢听取一位专家对某一领域的意见，并且假定他们在所有领域中都是专家。例如，电影明星经常参加复杂政治问题的辩论，并应邀发表他们的政治见解，而这些信息从该领域的分析家那里获得会更好一些。

向专家们询问各自领域中其他人的观点永远都明智的做法。在我的报告中，我总是认真地澄清已知的事实是什么、大多数专家学者对一个问题的看法、我们还没有彻底搞清楚哪些问题，以及我的看法（并非总是千篇一律）。因此，我一般会这样说："律师们的一般观点是法院会以这种方式解释法律，而我的观点是法院应该以另一种方式解释法律。下面我给出双方的论据……"一位优秀的专家不仅应该告诉你他的观点，而且还应当告诉你这一领域中其他专家的观点。

因此，千万不要因质疑事实而感到不安。如果你认为自己有可能是错的，那么其他人也有可能这样想。在质疑事实的时候，你可能会得到一个答案，证明实际上这些事实是正确的。这意味着争论可以继续进行并获得一个解决方案。但事实很有可能经不起质疑。如果不对它们提出质疑，你永远都不可能知道。如果在你的头脑里存在着任何疑问，那么在进入下一步之前，应该对这些事实进行验证。

## 5.2 对结论提出质疑

回忆一下鲍伯的论点：

“英国的平均气温不断下降，而不是上升，因此谈论全球变暖问题没有意义。”

你可能会接受鲍伯的前提（英国的平均温度不断下降），但要指出他的结论是错的。例如：

“鲍伯，你说得没错，英国的平均气温在不断下降，但在世界上的其他许多地方，气温在不断上升。这里可能会越来越冷，但这并不意味着整个世界不会变得越来越热。”

当事实无可争辩，但你认为推导出结论的逻辑存在缺陷时，质疑结论就非常有用。一个具体的方法就是从个别事实推导出一般性结论（正如前面提到的例子所示：教皇是天主教徒并且反对堕胎）。报纸上经常会报道一些造成不公平结果的事件，于是就会呼声四起：“法律需要进行修改。”但是，我们需要特别注意。仅仅因为当前的法律会造成不公平的结果，并不意味着修订后的法律就不会造成不公平的结果。实际上，可能的情况是：不管法律怎么规定，都会有一些不公平的情况出现。

因此，如果你想要质疑某个人的结论，你就需要指出他们的结论并不是从他们的前提中推导出来的。还有可能得到其他结论。问问对方为什么会得出他们的结论，而不是其他结论。看一看下面这个例子：

**正确的做法**

鲍伯："你的孩子在我的课堂上不断地打哈欠。显然他需要更多的睡眠。"

玛丽："他打哈欠可能是由于厌烦，而不是疲劳。其他老师没有说他在他们的课堂上打哈欠。如果他很疲劳，那么他就会在所有的课堂上打哈欠。"

在这个例子中，玛丽有效地说明了从鲍伯的前提（玛丽的儿子在课堂上打哈欠）中可以得到的几个结论。鲍伯认为这是由于玛丽的儿子疲劳所致。但是，正如玛丽所指出的，从这个前提中可以得出一系列其他结论（她儿子可能是感到厌烦，也可能是感到疲劳）。玛丽进一步提出了一些证据来说明鲍伯的结论可能是错误的。

## 5.3 对其他因素提出质疑

在争论中，明确你是否能够接受对方论点的价值，或者你是否认为其他因素比他们的论据更重要，这是很有益的。例如，看看下面两个人的争论，他们讨论的问题是：在他们的城镇里修建一个新超市是否会改善城镇中人们的生活。赞成修建超市的人可能会说：

"这是一个很好的消息，因为这意味着我们可以在城镇里买到比以前多得多的商品。"

对方有两个选择。一个选择是驳回这一论点：

"我认为你说的不对，因为超市开张后会迫使许多专

> 营店关张，最终我们的选择会更少。”

或者他可以接受这一论点，但将对方的注意力引到需要进行权衡的其他因素上：

> “你说的没错，我们可以购买到更丰富的商品。但是城镇的交通会更加拥堵。我们需要决定哪个更重要：有更丰富的商品，还是保持城镇的平静。”

要尽可能清晰地说明你是否同意对方的观点，否则你会发现，他们有可能重复他们的论点。

比较一下同一论点的两个例子：

**错误的做法**

马克斯：“我们应该到我的母亲家去过圣诞节，因为如果我们不去，她会非常难过。”

苏　珊：“如果我们去我姐姐贝丝家会玩儿得更开心。”

马克斯：“我想你没有从我妈妈的角度看待这件事。”

苏　珊：“我们需要想一想怎么做对我们最有利。”

**正确的做法**

马克斯：“我们应该到我的母亲家去过圣诞节，因为如果我们不去，她会非常难过。”

苏　珊：“这是个好主意。她很愿意我们去她家里。但是，过去3年我们都去了她家，如果能到我姐姐贝丝家，我们会玩儿得更开心。”

马克斯：“你说的对，每次到贝丝家我们都很开心，她是一位非常好的主妇，有没有办法在圣诞节的时候两家都去拜访一下？”

第二个辩论更好一些，因为双方都认识到对方提出了一个很好的想法，并且明确表明他们接受了对方话语中有益的观点。

在争论中另一种常用的技巧是通过强调共同点而与听众建立一个联盟。看一看下面的论点：

> “我们都想制定对公司最有利的决策，因此我们必须接受这一计划。”

这一论点传送出的信息是：那些不支持这一计划的人没有为公司谋求最大利益。再看一看下面这个类似的论点：

> “在这所房子里的人都是好人，因此我们必须抵制不道德的行为，并反对这一计划。”

这种说法给听众留下的印象是：支持那个计划就会违背我们做人的原则。当然，这种印象可能不正确，但它确实是一种让论点更具吸引力的技巧。

## 5.4 小结

因此要记住，在讨论一个论点时，你可以接受对方的事实以及最初的结论，但仍然需要找到一些观点来胜过对方的论点，并使你的结论更具吸引力。通过呈现出看待某一问题的其他方式，或者引入其他没有被考虑到的资料，你可以让争论按照你的思路进行。跳出框框进行思考，不要把自己局限在某种看问题的方法之中。正如你可以找出某些论点胜过对方一样，有创造力的争论也可以让你占上风。

## 5.5 实战练习

认真倾听对方的观点。要确认他们是否理解了你的论点。让他们感到困惑的问题到底是什么？对他们来说，最有说服力的论点是什么？

# 第 6 章
# 金律六：当心狡猾的骗局

在进行争论时，人们可能会使用一些卑鄙的诡计。下面就是其中一些。注意，你的对手可能会利用它们来反对你。

**在争论中，你需要细心、警惕、敏锐、严谨。**

## 6.1 人身攻击

阿斯特女士（Lady Astor）对丘吉尔说：“温斯顿（Winston），如果你是我的丈夫，我就会用毒药为你的咖啡调味。”

丘吉尔：“夫人，如果我是你的丈夫，我就会喝了它。”

一种十分常见的争论方式是避开争论而去攻击对方。在拉丁语中，这被称为“ad hominem”（人身攻击）式的争论。看一看下面的例子：

**错误的做法**

阿尔夫：“我认为，在制定投资策略时，应该考虑道德价值。”

苏　珊：“考虑到你的私生活，你是谈论道德的最佳人选。”

苏珊的回应不大可能带来积极的结果。她的话肯定会激怒阿尔夫，并且也不大可能吸引听众。实际上，它甚至有可能使听众为阿尔夫感到不安，并且去支持他，而他们原本并不会这样做。阿尔夫最好的回应是努力使关注点回到正在讨论的问题上：

阿尔夫：“如果你愿意的话，我们可以换个时间来讨论我的私生活。但在这里我们讨论的是投资策略。”

当然，有时候针对个人的回应是恰当的，如在讨论某人的工作能力或个人的品德问题时。但是，一般来说，在对人身而不是对论点进行攻击时要特别小心，这样做不会取得任何有益的结果。

---

**提示：** 避免下面这样的说法：

- “你真是非常讨厌。”
- “你认为自己太聪明了。”
- “与你争论没有任何意义。”

---

## 6.2　注意因果关系

在统计数据和调查报告上常犯的错误是对某一事实背后的

原因做出假设。例如，据说人们应该结婚，因为不结婚的人大多都比较贫困。这暗示着：如果未婚者结了婚，他们就会变得更富有，但这种说法的假设是不结婚造成了贫困。这一假设并不成立。相反，实际情况可能是：穷人不大可能结婚。同样，那些节食的人比不节食的人更容易变胖，这也是实际情况，但这并不意味着节食让你变胖了！这类错误经常出现。

- “每当冰激凌的销量提高时，鲨鱼攻击人的事件就会增加。”（这么说是吃冰激凌让你变得更加美味可口了？）
- “当财政部聘用更多经济学家的时候，通货膨胀率就会上升。”（是经济学家引发了通货膨胀？）
- “随着幼儿词汇量的增加，他们的胃口也变大了。”（说话让你变得更加饥饿？）

即使有若干证据表明两个事实间存在着联系，也不能假设一个事实是引发另一个事实的原因。正如这些例子所示，做出这种假设会让你犯错误。实际上，找出原因可能会非常困难。科学家们已经进行了许多研究，以找出人们肥胖或吸烟的原因。不出所料，答案是由一大堆因素构成的。对于那些假设一个事实造成另一个事实的对手，你要保持警觉。这是找出其论点中漏洞的一种可靠方法。

我们很容易陷入这样的错误之中：假设引发 B 的常见原因是 A，因此如果 B 发生了，那么 A 也会发生。看一看下面这一论点：

鲍伯喝醉的时候，就不会去上班。鲍伯没有来上班，因此他喝醉了。

当然，这未必是正确的。鲍伯不来上班可能有很多其他原因。逻辑学家将其称为“肯定后项的危险”（danger of affirming the consequent）。当然，如果鲍伯经常因为醉酒而不来上班，那么醉酒造成他旷工的可能性会更大。但是，我们不能假设他肯定是喝多了酒才不来上班的。

因此，在争论的时候，一定要注意下面这种情况：对方认为某件事情是这样的，是因为他们对以前发生的事情做出了假设。在你承认他们的结论正确之前，要让他们证明以前实际发生过什么事情。

## 6.3 否定的危险

在争论中，以一些未经证实的统计数据为基础是非常危险的。例如，看一看下面这个论点：

> 我们已经在寻找外星人方面花费了无数的金钱，而且没有找到一个外星人，因此它们不存在。

当然，没有经过研究证实的事情并不意味着不是真的，实际上，这一事情有可能是真的。许多伟大的思想家都认真思考过上帝是否存在这一问题，得出的结论各不相同。但是，仅仅是到目前为止没有人能够证明上帝存在并不意味着上帝不存在。同样，没有人能够证明上帝不存在，并不能说明上帝是存在的。

要记住，当缺乏证据的时候，我们就倾向于依赖我们期望会正常发生的事情。如果我告诉你昨天我遇到了女王，并出示一张我和女王并肩站在一起的照片，那就足以说服你相信我说的话可能是真的。但是，如果我告诉你昨天我遇到了一个火星人，并且出示一张照片，那很可能无法说服你。实际上，要说服你，我需要提供无数的证据。这是因为遇到女王没有什么令人难以置信的，但大多数人从一开始就有一个重要的假设：火星人不存在。

同样，在工作中，有人可能会说，你的公司与 X 公司的上一次交易不太成功。这令人关注，但并不意味所有与 X 公司的交易都不成功。

## 6.4 “不当周延”的危险

争论中常见的一个错误是“不当周延”（illicit process）。我们可以通过一个例子来更好地说明这一点：

> 所有的素食主义者都不赞成吃肉。所有的素食主义者都担心全球变暖。因此那些担心全球变暖的人都是素食主义者。

当然，这不是必然的结果。仅仅由于某个素食主义者担心全球变暖并不意味着所有担心这一问题的人都是素食主义者。这里存在着从一个事实到另一个事实的“不当周延”。不要受到这种论点的欺骗。认真分析一下对方是不是假设某一类人中的所有人都是一样的。

## 6.5 虚假的选择

在争论中使用虚假的选择（false choice）是一种常见的手段。这种方法只向听众提供两个选择。在谈到对恐怖主义宣战时，乔治·布什（George W. Bush）因此而名噪一时：

“你要么支持我们，要么反对我们。”

你只有两个选择：同意或不同意。当然，你可能部分同意这一提案，或者既不支持也不反对。但是，这一修辞方法向听众关闭了那些选择。

父母很快就变成了使用这一方法的专家：

“你要么吃掉你的青菜，要么直接上床睡觉。”

事实上，孩子还有许多其他选择，但父母只为他提供了这两种。

正如上面两个例子所示，在争论中，“双态”（bifurcation，这是其学名）是一种特别常见的形式，其中的一个选择被认为非常令人厌恶。孩子不想上床睡觉，因此就要选择吃掉青菜。听布什演讲的人如果不想站在恐怖主义一边，那就只剩下支持布什这一个选择。

有时候，一名优秀的辩论者会让“双态”争论自食其果。看看下面这一争论：

“如果我们在这里修建一个新的火车站，要么这里没有人来，是在浪费金钱，要么人太多，周边的道路无法承受。”

你可以这样回应：

“是的，如果我们在这里建一个新的火车站，要么来这里的人不多，周边的道路能够承受汽车流量，要么这里人很多，证明这将是一次财务上的成功。”

另外，“虚假选择”论点是举证责任（burden of proof）的一种具体应用，最有名的例子就是“帕斯卡的赌注”（Pascal's wager）。布勒斯·帕斯卡（Blaise Pascal）是一位生活在17世纪的著名数学家和哲学家。他认为他的观点能够最有力地证明每个人都应该信仰上帝。他是这样说的：上帝或者存在，或者不存在。如果有一位上帝，而你却不信奉他，那你就可能会下地狱。如果没有上帝，而你信奉他，那么你可能会更丧失一些生活的乐趣，但不会失去更多东西。因此，最好是信奉上帝。在关于气候变化的争论中，我们有时候也能听到这一论点的另一个版本：

“如果气候变化是人为的，并且我们减少二氧化碳的排放量，那么我们就可以拯救这个星球。”

“如果气候变化不是人为的，那么减少二氧化碳的排放量除了对经济造成一些损害外，我们不会损失任何东西。”

选择同样有两个：一种选择可能会遭受到可怕的损失（永恒的诅咒、失去地球），而只有少量的收获（生活中的乐趣少一些、经济受到一些损害）；另一个选择不会遭受可怕的损失，但却可能带来巨大的收获（永生、拯救地球）。这样展现你的论点，人们就会选择信奉上帝和减少二氧化碳的排放。

从很多方面看，它们都是令人信服的论点，但很难说服人们应该避免上面提到的那些可怕的可能性，即使是以一些微不足道的不便为代价也是如此。

反驳这类论点的最佳方法是指出事情并非只有两种可能性那么简单。说到信奉神灵，存在着信奉哪位神灵的问题。有很多神灵，如果你选错了，那么最终你仍然有可能遭到诅咒。同样，说到二氧化碳排放，上面的论点隐藏了少量减少二氧化碳排放从而使经济遭受较小损失的可能性。

另一种方法是探索事件为真的可能性。如果你认为只是可能（但可能性不大）存在上帝，那么就值得去承担遭受永恒诅咒的风险，以便享受这个世界中的“快乐”。但是，如果你认为气候变化很有可能是人为的，那么上面呈现出的论点就有可能不容争辩。

在面对“虚假选择”争论时，首先是要认识到这是一个“虚假选择”。你可以分析事件为真的可能性，同时也可以寻找一些方法让论点不像看起来那样简单。通过这种方法，你就能够让讨论更有意义，并增加论点的深刻性。

## 6.6 普遍化

在争论中，人们总是倾向于进行普遍化：

“你从来不洗衣服。”

“政治家们不理解什么是贫困。”

这类评论实际上是在自找麻烦。人们总是可以找到一些例外情况。在争论中，对方可以很容易地找到一个反例（“嗯，上星期天我洗衣服了。”）这样，你的论点就会被削弱，实际上，对方甚至可能会指责你夸大其词且说谎。在刚刚举出的例子中，如果你希望提出那个论点，则可以借助一种更具吸引力的方式：

“你不经常洗衣服。”

“许多政治家不理解什么是贫困。”

当然，这些声明仍然是不正确的，但比前面提到的普遍化结论更有可能是正确的。一定要注意个案的使用。看看下面这个例子：

“现在，每个人都很无礼。就在昨天，有一个人撞到了我，他甚至没有向我道歉，就径直走开了。”

在这个例子中，你很容易质疑对方列举的事例。你可以提出一些可能的原因来解释这种表面上的粗鲁。撞到她的那个人可能不会讲英语，因此无法道歉。但是，一般来说，更好的回应方式是列举一些自己遇到的事例来说明人们并不粗鲁。实际上，证明一个普遍化的结论不正确比证明它正确更容易。因此，要想对下面的说法提出质疑：

“所有的英国人都会老老实实地排队。”

你所要做的就是举出一个例子来证明这种说法是错误的。但是，通常来说，要证明一个观点是正确，举出一个不具有代表性（很有可能是一次性事件）的例子是不够的。

## 6.6 相同的情况

逻辑中的一个重要原则就是：如果有两种情况是相同的，但不能以相同的方式对它们进行处理，那就必须提供一个理由。因此，争论中的一种常用工具就是提出相同的情况：

“你说我们应该让人们停止吸烟，因为吸烟会让人们得病。那么你支持让人们停止吃高脂肪的食品吗？”

这是一个很公平的论点。它是有益的，因为它会阐明对方为什么会那样想。它可能会显示出这样一个事实：对方的主张建立在偏见的基础之上。如果主张戒烟的人这样回应：

“嗯，我非常喜欢快餐，因此不想戒掉它。”

那么，他就会为别人的指责留下口实：他想要禁止别人具有的不良习惯，但不禁止自己的！他需要提出一个很好的理由来说明为什么要区别对待这两种情况，或者承认这两种情况是一样的。因此，他可以换一种方式来进行争论：

“绝大多数吸烟者死于与吸烟相关的疾病，但吃不健康食品的人却很少死于他们的饮食。”

当然，支持那些有事实依据的声明也是非常必要的。或者，他们也可以这样说：

“是的，非常正确。作为公民，我们都有义务保持健康。所有明显不健康的习惯都应该被禁止，不管是吸烟还是吃不健康的食品。”

为了使“相同情况”（like cases）这一策略奏效，你可能需要让你的观点看起来有些奇特，但不一定是错的。例如，假设你致力于反对性别歧视。有人问你：“女性应该能够申请成为拳击手吗?”答案应该是：“当然可以，为什么不能?”如果你坚持自己的原则，那么除非你有很好的理由，否则即使是结论看起来很古怪，你也应该坚持它。但要当心，你可能被欺骗。“一名电影导演是否有权拒绝一位女性来扮演温斯顿·丘吉尔这一角色?”答案可能是：“是的，只要他不因为她是一名女性就拒绝她扮演这一角色，这是允许的。如果其他候选人看起来更像丘吉尔，那么他们就可能更适合这一角色。”

## 6.7 转移注意力的话题

转移注意力的话题（red herring）很重要。它们会引入一些完全不相干的论点。

**错误的做法**

萨米："你怎么敢忘了我的生日！"

拉吉："你知道吗，你伤心的时候非常帅。"

显然，拉吉知道忘记萨米的生日是不可原谅的，并且试图引入一个令他特别愉快的新话题：他的朋友很帅。

实际上，这是在社会情境中应对一场正在酝酿的争论的一种常见方式。

"这一论点真的很有意思，但恐怕我必须走了。我告诉过你我们要去看这部新电影吧？"

如果双方是朋友，那么他们会非常愿意避免有争议的问题，并讨论更令人愉快的话题。通常，引入一个能够转移注意力的话题是在邀请对方放弃争论并讨论其他一些事情。你需要决定是否接受这一邀请。

有些转移注意力的话题是在故意迷惑你。

**错误的做法**

阿尔夫："堕胎是一种谋杀，因此应该是不合法的。"

布莱恩："这有点儿太严厉了，你为什么认为堕胎是谋杀？"

阿尔夫："这样做杀死了一个孩子。"

布莱恩："但那并非真是一个孩子，他还没有感觉或者思维。"

阿尔夫："布莱恩，你还没有当父亲，我认为你还不懂得孩子。"

阿尔夫故意转移了焦点。布莱恩需要将讨论的焦点重新引导到原来的主题上。

但是，并非所有转移注意力的话题都会得到认同。让我们再看看那个忘掉朋友生日的人。我敢肯定，我们都曾经遇到过这种情况：在我们想就一件事训斥某个人时，却发现他不断地改变讨论的主题。这非常令人恼火！双方都需要当心。转移注意力的话题可能是一个清晰的信号，表明你不想现在进行争论，但要注意对方是否会“上钩”。

**正确的做法**

萨米：“你怎么敢忘了我的生日！”

拉吉：“你知道吗，你伤心的时候非常帅。”

萨米：“你这样说很好，但我想讨论一下你为什么忘了我的生日。”

利用转移注意力的问题也存在着危险。这次争论是必须要进行的吗？如果现在不能解决问题，人们也许会永远持观望态度。此时此刻进行争论恰当吗？争论的话题是否真的能够带来积极的结果？至少要认识到，转移注意力的问题为你提供了一个如何继续下一步的选择。这是一个有用的工具，如果在饮水机旁边讨论你的工资时陷入了僵局，那么你至少还有话可说！

## 6.8 循环论证

循环论证（circular argument）是另一种需要当心的欺骗性论点。它使用两个未经验证的事实进行相互支持，使这两个事实都具有可信性。看看下面这个例子：

“上帝存在，是因为《圣经》是这样说的。我们可以相信《圣经》，因为那是上帝说的话。”

所有这些都有可能是真的，但这一论点并不好！符合逻辑的论点要求我们从一个真实的事实开始，并据此进行推理。这一例子中的困境在于：只有 B 为真时 A 才能为真，而且只有 A 为真时 B 才能为真。循环论证的另一个例子是：

“在争论方面我比你强。争论结束时你总是承认我是对的。因此你应该承认我是一名更优秀的辩论者。”

## 6.9 被隐藏的问题

在争论中有时候使用的一种聪明的技巧是提出一个包含隐藏事实的问题。在回应这个问题时，人们被假定接受了这一事实。最有名的例子是：

“你不再打你妻子了吗?”

不管对方回答“是”还是“否”，他都承认了他曾经或者到现在还在打他的妻子。一种更微妙的形式是：

“你采取的不道德方法是否影响了你的利润?”

这是让人们接受隐藏事实的一种狡猾的手段。律师们经常在法庭上使用这一技巧。看看下面这个问题：

"我们所说的那天晚上和你在一起的女人是谁？"

这一问题假设有一个女人，如果证人不是特别小心，则很容易上当而接受这一事实。如果证人说"我不想说，这是隐私"，那么他就承认了他和别人在一起。

如果你想从对方那里获得其他事实以便推动争论的进行，那么这就是一个聪明的花招。如果你想知道你的妻子是否真的去健身房参加她的健身课，还是她和布莱恩有暧昧关系，你就可以问："这些天布莱恩怎么样？"

## 6.10 咬文嚼字

最令人讨厌的争论形式之一就是与那些咬文嚼字的人进行的争论。咬文嚼字是律师和保险公司的最爱。他们将自己的论点建立在他们所使用字句的字面含义上，而不管普通人如何理解这些字句。因此你会听到下面的论点：

"我们告诉你我们会为你提供一辆新车，但我们没有保证它是可以开走的。"

通过下面这样一些话，你就可以分辨出咬文嚼字者："看看我的原话是怎么说的。"或者："我所说的只不过是……"令人讨厌的是，他们的论点通常可以在法庭上发挥很大的作用。在关于合同的争端中，他们将只会受到他们承诺要做的事的约束。实际上，如果你正在进行一场关于你是否违背承诺的争论，那么认真思考一下你承诺要做的事是非常值得的。

那么，对咬文嚼字者你可以说些什么？一种回应方式是看一看你是否可以反客为主。或许你可以答应赔偿他们，并永远不要说什么时候付钱。通过这种方式，你就可以反客为主，并对他们说："如果你准备只是根据字面意思来承担你的义务，那么我也会这样做。"这可能会使双方都更加认真地阅读合同。

另外，你可以问问对方，当他们说那些话的时候，他们希望人们怎么想。对咬文嚼字者的一种正确回应方式是提出建议：如果他们想要说出自己的主张，就应该非常明确地表达出来。看看下面这个例子：

**正确的做法**

莎齐亚："我承诺要做的是给你退款。但我没有说把所有的款项都退还给你。"

玛　丽："但人们在听到可以退款时，任何人都会认为可以全额退款。"

莎齐亚："但是你必须听听我是怎么说的。"

玛　丽："我听了。如果你想要清楚地表达你的意思，你就应该说是部分退款。由于你没有明确说明，因此我会按正常的意思来理解'退款'。"

在这个例子中，玛丽提出了一些很好的论点。她可能无法说服莎齐亚，但她很好地进行了争论。

**有时候，最好不要同咬文嚼字者进行争论。**

## 6.11 怀有敌意的关联

这种形式的论点是为了令人对某一观点产生怀疑，因为那种观点是被声名狼藉的人持有的。例如：

> “你不想成为素食主义者。希特勒就是一个素食主义者。”

在此，你是在暗示素食主义的支持者与希特勒有关联。当然，这完全不公平。邪恶的人有时候也会拥有不太邪恶的观点。在所有事情上都犯错误其实是很难的！

有时候，“怀有敌意的关联”（hostile association）更加微妙，并取决于听者的偏见：

> “右翼智囊团建议降低税率，但是……”

这位演讲者希望你立刻摒弃来自右翼智囊团的任何想法。同样，比如说，如果你的公司中的财务部门非常不受欢迎，那么你可以这样说：

> “这个提案非常受财务部门的欢迎，但是……”

## 6.12 “以假定作为论据进行诡辩”

“唉，你正在以假定作为论据进行诡辩。”人们经常这样抱怨。“以假定作为论据进行诡辩”（begging the question）这一术语经常被使用，但并非总是很恰当，当一个人提出的论点只不过是对其结论的重复时，这样说就是恰当的。因此，他们是使用一个结论来证明一个经过改写的结论，而不是根据一个前提来论证一个结论。

“堕胎是谋杀，因为它涉及杀害一名无辜的儿童。”

“杀害一名无辜的儿童”是谋杀，因此，实际上这里所说的一切都是在重申结论，但给人们的印象是使用了一个论据。如果你认为“相信你的第一点的人将会同意第二点”，那么你通常会发现这样的论点。

**错误的做法**

“这一交易可以赚取很多利润。这样我们就可以快速弥补我们的损失。因此，那些认为这一交易会使我们承担高昂债务的人错了。”

在这一争论中，只有当这一交易会带来很多利润时，其结论（这一交易没有风险）才会为真。你经常会遇到“以假定作为论据”进行的争论，因为只要最初的事实是正确的，那么人们就无法不同意这一论点。

## 6.13 滑坡谬误

滑坡谬误（slippery slopes）是争论中经常使用的一种手段。它专注于这样一个问题：我们应该在哪里划出分界线？例如，考虑下面这场争论，其争论的问题是英国国民医疗服务系统（NHS）是否应该拒绝治疗那些因吸烟而得病的人。

> “那么下一步呢？我们是否会拒绝向那些体重过重的人提供医疗服务，或者拒绝向那些锻炼不充足的人提供医疗服务？最终，NHS 只会向那些身体非常健康、品德极其正直的运动员提供医疗服务。”

在一场“滑坡”争论中，争论者力图证明，不存在一个在逻辑上合理的地方供我们划出分界线，只要人们接受了一个例外情况，那么不管在哪里划出分界线都是不合理的。因此，你要被迫接受一个荒谬的结论。由于你不想得出这个荒唐的结论，因此你最好还是不要踏上斜坡，哪怕是一步都不行。例如，学校通常在诸如穿校服之类的事情上会制定一些非常专制的政策，这是因为它们担心一旦接受了一次例外，那就将有无数次例外。

在“滑坡”争论中，你证明了一个论点：一旦我们认可了 A，那么我们就必须认可 B、C、D、E，因为我们没有很好的理由将它们与 A 区别开来。你的论点表明，被迫接受 D 或 E 将是一场灾难。因此，我们必须拒绝例外情况，即使是 A 也不行，不管从它本身来看多么无害。

对“滑坡”争论做出回应可能非常困难。可以尝试下面的两种方式。

- **否认斜坡很滑**。一种回应是表明你划出分界线的地方是合理的，而且没有理由认为会随之出现其他情况。

“我认为我们可以允许在校服穿着条例上为这名学生制定一个特例，因为这涉及宗教信仰问题。我们可以解释说：只有涉及宗教信仰的特例才是允许的，这种情况不会太多。”

- **你可以证明这个斜坡在哪里都很滑**。此处的论点是：你在那里划出分界线也没有合理的理由，但必须在某个地方划出这条分界线。例如，想一想，在英国，要想买酒，你必须年满 18 岁。我们很容易地认为这是一条武断的分界线。在 18 岁生日的晚上没有发生任何神奇的事情。而这一分界线可以是任何选定的年龄。人们总是可以争辩说，在那个具有重大意义的生日之前的几个小时中，孩子们并没有神奇地变得更加成熟。

在生活的很多方面，这一点都是正确的。以速度为例。以每小时 31 英里驾驶真的比以每小时 29 英里驾驶要危险得多吗？可能不是，但以每小时 31 英里驾驶最终会让你得到一张罚单，而以每小时 29 英里驾驶则不会。因此，第一个问题是：是否有必要在某个地方划出一条分界线。假设我们不想让 7 岁的孩子购买啤酒，也不想让道路上没有速度限制，那么我们就需要划出分界线。得到这一结论后，我们就需要接受这样一个事实：不管这条分界线划在哪里，在其两侧都会存在着一些看起来很武断的情况。第二个问题是：划出分界线的地方是否合理。关于买酒的年龄，我们坚信，一般来说，年龄低于 18 岁的孩子不够成熟，需要决定他们能否买酒，而年龄超过 18 岁则足够成熟。如果这是正确的，那么我们就拥有足够的论据说：是的，这一分界线划得有些武断，但我们必须在某个地方划出一条分界线，而这个地方就是划这条线的最佳位置。

## 6.14 假设性问题

在争论中一种常用的策略是提出一个能够带来灾难的荒谬情境。

> "鲍伯建议我们将米尔顿·凯恩斯（Milton Keynes，英国地名——译者注）迁到其他地方，但是，如果出现铁路工人罢工会发生什么情况？"

更引人注目的说法是：

> "那一金融计划看起来很明智，但如果股市崩盘会发生什么情况？"

这种类型的论点很常见。其实质非常明显：它可以用于指出某一被提议的做法存在的危险。但是，我们应该谨慎地对待这种论点。实际上，对于任何观点，我们都可以通过想象一个显得很愚蠢的情境来进行反驳。我们总是可以提出“但是如果……会怎么样”这个问题。例如：

“今年我们不应该买圣诞礼物了，因为火星人明天就会登陆并占领地球。”

对“如果……会怎么样”的一种良好应用是证明不仅存在着潜在的灾难性后果，而且还存在着现实的糟糕后果。如果你正在同一个“如果……会怎么样”的论点进行争论，如果你能提出一些同样好的选择，但不存在那些不利情况，那么你的论点就会更有力。另外，如果你能证明不管情况如何，那些可怕的情境都有可能出现，那么你就可以击败很多“如果……会怎么样”之类的论点。如果火星人登陆并占领地球，那么你购买了圣诞礼物这件事可能是你最不关心的事！

## 6.15 偷换概念

争论的战场上随处都可以看到“偷换概念”（straw man，或译为“稻草人谬误”）的例子。它可以成为一种强大的修辞工具，用于找出对方采用的特别脆弱的论点并对其进行嘲弄。看看下面这两个例子：

“昨天我从对方党派的报纸上读到一篇文章，争辩说我们应该提高税收，这样我们就有钱修缮白金汉宫（Buckingham Palace）。我想女王有钱照顾好自己的建筑物，而不必号召这个国家备受压迫的纳税人。因此我说：

不能多收税。”

“对于让彼得·克鲁奇（Peter Crouch）担任英格兰足球队前锋，人们提出的最佳理由是他的个子高。但是，我们希望前锋能够射门得分，而不是个子高。”

这两个论点的目的都是为了让对手看起来很愚蠢。但是，两者都基于错误的假设：对方采用的论点只是上面提到的那些。当然，我们可以为提高税收或选择彼得·克鲁奇找到更好的理由。

“偷换概念”争论的一种形式是以尽可能极端的方式来描述对手的论点：

“我讨厌绿党的政客（green politician），如果有机会，他们会关闭这个国家所有的工厂。”

“那些支持削减国防预算的人是想让我们的国家遭受被入侵的危险。”

战胜“偷换概念”论点的最佳方式是明确声明自己不支持这一荒谬的论点：

“我同意对方认为提高税收以修缮白金汉宫是非常荒谬的观点。但我可以想到许多更好地利用税款的方法。用这些钱来改善医院如何？你们是否同意提高税收并将更多的钱花在改善医院上？”

## 6.16 “双错”论点的危险

听到下面的话，你很有可能遭遇到了“双错”论点（two-wrongs argument）：“贿赂没有问题，因为每个人都在贿赂。”“如果我们不向这个国家出售武器，别人也会这样做。”但是，仅仅因为别人会做一些错事并不意味着就允许这样做。如果虐待儿童者像下面这样说，那他们就提出了一个非常糟糕的论点：“我虐待儿童没什么关系，因为即使我不这样做，别人也会这样做。”

因此，要当心那些使用“双错”论点的人，你自己使用它时也要小心。你不能用这种论点来为任何立场进行辩护。

## 6.17 沉默的力量

认识到在争论中沉默也是一种选择非常重要。实际上，沉默可以成为一种重要的工具。我相信，在开会时，我们都遇到过这样的情况：一个人讲话的时间越长，我们被其观点说服的可能性就越小。特别是在一次会议中，让某个人继续以很糟糕的方式提出自己的观点比试图打断他们更有价值。

当然，为了完全避免一场争论，沉默就显得非常重要。回忆一下金律二：每一场争论都需要在恰当的时间和地点进行。如果你不确定时间或地点是否恰当，那么最好的做法可能就是保持沉默。从本质上说，沉默是模棱两可的，你不应该被迫对其他人所说的话表示同意或不同意。如果被迫做出回应，那么你就可以说：“目前我还没准备好讨论这一问题。”

当对方提出了一个很好的观点，而你一时不知道如何回应时，保持沉默就可能是一种恰当的回应方式。沉默可能会鼓励他们提出另一个观点，而你或许能够对这一观点进行更好的回应。

"沉默是最难反驳的论点之一。"

——乔什·比林斯（Josh Billings）

## 6.18 感觉被卡住了？

在争论中，有时候你可能会感到不知道说什么。此时最好建议换个时间再继续这一争论，这样你就可以理清自己的思路。如果做不到这一点，那么记住一些话是很有用的：

**有用的范例**

"你能用非技术语言来解释一下那个问题吗？"

"你的参数是什么？"

"你是在以假定作为论据吗？"

在对方回应你的问题时，你就会有一些时间思考一下自己想说些什么。

## 6.19 小结

要当心那些最初看起来令人信服但更深入的分析显示并不

恰当的论点。要认真思考对方所说的是否是根据事实推断出来的。问问自己，他们是否提供了某些事实，他们的结论是否是从这些事实中推导出来的。

## 6.20 实战练习

记住，要想反驳任何论点，你可以质疑事实、质疑结论，或者找到一些比对方结论更有意义的观点。现在，你已经了解了争论中存在的陷阱和诡计，在练习中认真思考每一种情况，这样，当对方利用这些手段来对付你时，你就可以识别出来。

# 第 7 章
# 金律七：培养公开争论的技能

许多争论发生在谈话的过程中，但有时候争论也有一个更加正式的结构。例如，你正在为一次会议中的提案辩护，或者正在向一群人进行演讲。如果你处在这些环境之中，那么请参考下面这些重要的提示。

## 7.1 如何更好地在公开场合演讲

- **有所准备**。在金律一中我们曾经谈到过这一点。在谈话中，有些混乱你也可以侥幸成功，但如果是进行演讲，那么你就需要准备好所有的事实。
- **练习**。除非你在公开演讲方面的经验非常丰富，否则就应该练习一下你要说的话。让人吃惊的是，一个论点或笑话写在纸上非常好，但说出来却达不到预期的效果。
- **讲话的速度要慢**。在公开演讲中最常见的错误可能就是人们讲话的速度太快。你可能会感觉自己的说话速度很慢，但实际情况可能并非如此。你能想起某个人在公开演讲时讲话的速度太慢吗？我表示怀疑。但我敢打赌，你肯定能够想起某人讲话速度太快的情况。

- **不要照本宣科**。我们都曾经参加过这样的演讲，其中的演讲者只是在读讲稿。这样做永远都不会成功。它听起来很不自然，很笨拙。准备一个大纲。列出一系列要点来向你提示谈话的结构。也就是说，准备一些提示，以便在出问题的时候不至于不知所措，这总是一个很好的主意。

**要避免“开场白、混乱、结束”式的演讲。**

- **向人们微笑**。特别是在不认识听众的时候，要设法早一点儿到达，以便认识一些人。在人群中看到一张熟悉的面孔真的非常令人兴奋。在演讲的时候，目光要看一看处在不同位置的听众。不要只是朝下看，或者像是在对某个人说话。如果能够四处走动一下，那就别站在一个地方。
- **简捷、清晰**。回忆一下金律三。我从来没有听到过一场过短或过于清晰的演讲，而是耐着性子听完那些又长又乱的演讲。要记住，最重要的不是显得滑稽、口才好或有才气，而是用一种清晰的方式传达你想要人们理解的观点。把这一点当成你的主要目标。

“在我讲话之前，我就知道自己有一些重要的话要说。”

——格鲁秋·马克斯（Groucho Marx）

- **让你的音调适中**。在演讲中要注意抑扬顿挫。用单调的语调演讲会是一场灾难。

**错误的做法**

一位法官曾经说过："毫无疑问，在法庭上我遇到过的最沉闷的证人……他说话的语调非常单调……使用的语言非常乏味、令人费解，就连法庭的书记官也昏昏欲睡……我真的受够了。"

- **让听众习惯你**。如果你的演讲要持续一段时间，那么给听众一些时间来习惯你是很明智的。首先讲一个在你来这里的路途中发生的故事，或者媒体上报道的一些事情，以便让人们习惯于你的风格。不要以为非讲一个笑话或一段轻松的轶闻不可。
- **引用**。如果你想在自己的演讲中引用别人的观点，就要注意保持简捷。任何超过 30 个单词的引用都有可能让人感到扫兴。
- **使用讲义**。如果听众需要一些详细信息（如支持你的论点的统计资料），但逐一讨论会让人感到厌烦，那些讲义就特别有用。它们对于强调你的关键点也非常有用。最好是在讲话结束时分发给听众，这样它们就可以作为备忘录，而不会分散人们的注意力。
- **使用 PowerPoint 软件**。如果使用 PowerPoint 软件，就要保证你的展示清晰且焦点集中。注意，不要让人们被你的技术搞得眼花缭乱，以至于不能倾听你所说的话。我发现，使用道具比使用计算机图像更有效。在讲授刑法课程时，我曾经使用过玩具水枪。让那些理解了不同刑事犯罪之间微妙差别的学生淋一身水比 50 张 PowerPoint 幻灯片更有效。

- **警示信号**。要关注那些表明演讲进行不顺利的警示信号。人们是不是有些烦躁？是不是在不停地乱写乱画？听众中是否有一种“嗡嗡”声？人们是不是在看短信？如果是这样，不要慌，但要采取一些措施。做一些出人意料的事。如果有必要的话，准备好一个在关键时刻才讲的故事。暂时停止讲话，这通常会吸引人们的注意力！停下来，问问人们有没有问题。
- **以清晰、令人难忘的总结来结束你的论述**。
- **如果合适的话，在结束时让人们提出一些问题**。如果人们提出一个难以回答的问题，你可以说：“这个问题很好。现在我无法给出详细的回答，但我想我们可以在喝咖啡的时候来讨论这个问题。”

## 7.2 在会议上进行演讲

如果你打算在一次会议上进行简短的演讲，请注意下面这些提示：

- 如果你知道谁将参加会议，那就事先同他们交谈。设法让那些与你的观点相同的人出席会议。核实一下他们是否认可你将要提出的主要观点。
- 鼓励你的支持者在你演讲结束后尽快发表支持性的言论。如果一个提议明显得到支持，那么大多数人就不愿意发表一些反对言论，这样你就可以先发制人，阻止那些批评者。

- 由于是一次简短的演讲，因此要采用一种非常清晰的结构。事先说明你要讨论的问题，给出三个经过证实的原因（前提），再一次强调你正在讨论的问题（结论），然后坐下。

## 7.3 小结

最重要的是要清晰和简捷。除非你受到过成为一名牧师或独角滑稽秀演员的训练，否则没有必要让人们大笑或大叫。你想要以一种清晰且具有说服力的方式展现你的观点。如果在演讲过程中你有机会让人们大笑，那当然好。

## 7.4 实战练习

培养公开演讲技能的唯一方法就是练习。你会犯错误，但这些错误都会成为极好的进步机会。几乎所有的演讲者在演讲结束时都会有这样一种感觉：一部分演讲很精彩，而另一部分则不太好。因此，如果不是太完美，也不要退缩。事后问问你的朋友，看看他们是否有什么建议，然后进行更多的练习。

# 第 8 章
# 金律八：能够以书面的形式进行争论

今天，大多数争论都是通过谈话和讨论进行的。但是，在商业和教育领域中，借助电子邮件和博客，正规的书面争论仍然发挥着一定的作用。下面是进行书面争论的一些关键原则：

- **清晰地写出来**。记住，清晰比看起来聪明更重要。你没有必要因为是在书写就使用很长、很复杂的单词。

**不要使用多音节的单词！**

是的，你猜得没错。多音节单词的使用者就是喜欢长单词的人。

- **使用正确的拼写和语法**。但是，在这些方面有点儿错误也没有太大的关系。你不是在给你的语文老师写信。如果有必要的话，把清晰性放在比语言更重要的位置上。丘吉尔在回复一封非常啰嗦但语法上正确的信件时是这样说的：

“我绝对不能容忍这种语言。”

- **认真思考你的开场白**。读者通常会根据开场白来决定是认真阅读还是浏览一份报告。你希望有一些能够抓住读者注意力的内容，并说服读者阅读你的报告对他们来说非常重要。在一篇书评中，我是这样开头的：

> 你是一名有才能但血压低且有写作障碍的医疗律师吗？那么这本书就是为你写的。不必读很多页，你的血液就会沸腾，你恨不得拔掉自己的头发，并抓过键盘输入一些愤怒的回应。

我希望这样写能够抓住一些人的注意力并让他们想多读一些。

- **保持简洁**。你的读者更有可能阅读一份1页长的总结而不是长达50页的文件。要记住，“十戒”只有156个字。很多东西都可以用简洁的方式传达出来。
- **利用大纲和段落来区分出你的要点**。
- **使用主动语态**。“我本应该想到要谨慎地前进”可以用下列方式更好地表达：“我认为我们应该谨慎地前进。”而比这个还好的表达方式是：“我们应该谨慎地前进。”
- **写完之后要不断阅读你的论点**。假设是另一个人在阅读这一论点。我记得我曾经和我的一位学生会面，他正在别的大学申请一门课程。他把一份申请信交给我，让我审核一下。在信中，他解释说：他将申请这门课程看成是一份安全保障，以便得到他正在申请的那份工作。我请他假设他就是开设那门课程的教授。收到这样一封信，他会有什么感受？我对那位学生的诚实表示赞赏，但他没想到收信人会怎样进行解读。不要犯这类错误。

## 8.1 电子邮件的危险

电子邮件是一种与人们沟通的极佳方式，快捷、方便。但是，它也会制造危险。在使用电子邮件或博客进行争论时要当心。

**如何不去做**

媒体都喜欢报道一些“电子邮件失去控制”的故事。一个众所周知的故事涉及一家律师事务所的两名秘书。KN 向 MB 发送了一封电子邮件，声称 MB 从电冰箱里偷了 KB 的三明治（由火腿、一些奶酪薄片和两片面包构成）。她要求 MB 给予赔偿，那是 KN 的全部午餐。MB 回邮件说 KN 一定是把她的三明治丢在其他地方了。KN 回复说 MB 看起来很漂亮但脑子很笨。MB 回复说 KN 留不住男朋友。她们的争吵越来越激烈。几个小时之内，办公室中的所有人都知道了这件事，公司的合伙人很快也知道了。这两名秘书都被解雇了。

### 细微的差别

电子邮件的障碍之一是：从本质上说，它不是从人们口中说出来的。这意味着写在书面上的邮件令人们无法体会到口头交流中的一些细微差别。想象一下，你的同事提出了一个建议，你是这样回复的：

“这个主意好极了。让我们在新的一年里考虑它吧。”

你可能打算给予一个真正积极、鼓励性的回复，但那位同事可能会解读为你是在挖苦他，他认为你真正的意思是那个想法很愚蠢，我们不应该再讨论它。在面对面谈话的时候，你通常可以从对方的语调和肢体语言中判断出他是否在挖苦你。而在电子邮件中，所有细微的差别都消失了。

对某一个单词的强调可以改变一切。比较一下下面这两句话：

“你想采纳那个提案？”

“你想采纳**那个**提案？”

加强语气（第二句话）表明说话的人对其他人热衷于那个提案感到吃惊，但没有强调（第一句话）听起来更像是一个直截了当的提问。同样，一句本来只是开玩笑的评论，别人可能会以完全不同的方式进行解读。

因此，在通过电子邮件进行争论时，要认真阅读一下你写的东西，并设法以尽可能消极的方式去阅读它。如果有必要的话，重新措辞，以确保你发出的信是积极的。如果你根本无法确定，那就可以在信的结尾处加上下面这样的话：“我知道你可能会读这封信，并认为我讨厌你。根本不是这样。我们只是要解决这些问题。”

### 速度

我相信我们都做过这样的事：发出一封带有怒气的电子邮件，片刻之后又对我们所做的事感到后悔，或者是在查看几天前发出的一封电子邮件时，对我们自己的无礼感到震惊。下面是一些避免这类情况发生的重要提示：

- 如果你正在写一封带有怒气的电子邮件，那就先发给你自己。用旁观者的眼光再读一遍。如果你收到这样一封电子邮件，你会有什么感受？
- 如果你无法确定某一封电子邮件是否过于放肆，那基本上可以肯定它确实有些过分！一般来说，你给别人留下的印象比你自己认为的要强烈的多。
- 别忘了，接收邮件的是一个活生生的人——如果当着他们的面你会这样说吗？
- 为什么不把邮件的草稿发给一位朋友请他提意见？
- 先考虑一个晚上，明天再说！

## 8.2 博客

博客已经成为了最常见的争论舞台。没错，博客使得对某一问题感兴趣的人们聚集在一起，并交流观点。当博客运转正常时，它们就是一种非常有用的信息来源，并且能够迅速发现其他人在想些什么。你甚至可以将博客当成一种工具，通过它让许多人了解你的观点。

但要注意！别忘了，你输入的那些话有可能永远存储在那里，所有人都可以看到。不准确的统计资料、让人痛苦的回复、愚蠢的观点，这一切都会存储在那里供所有人观看，并一次又一次地被人们提及！大多数博客允许你匿名回复，这可能是非常明智的，意味着如果你日后对自己所说的话感到后悔，那么匿名回复可以保护你。

博客看起来的确让人们显示出了好斗的一面。最好是让回复针对别人提出的论点，而不是对人本身做出评论。要避免咒骂或明显具有攻击性的评论。它们不会为你带来任何好处。我想有些在博客上发表评论的人忘了他们正在和其他人进行沟通。大多数人都非常敏感，甚至是一句批评的话也会被不成比例地放大。因此，要缓和一下你的评论。别人对你无理并不意味你需要以牙还牙。

在一份单独的文件里准备好你想说的话，在复制到论坛/博客中之前认真地检查一遍，这样做是值得的。通过这种方式，你可以防止出现任何打字错误，或者说一些让自己后悔的话。

## 8.3 小结

学会以一种清晰、直接的方式写出自己的观点。不要试图自作聪明，或者让事情变得过于复杂。使用简短、清晰的句型。让你的论点简明扼要。

## 8.4 实战练习

在写完一封信或一份文件后，看看能不能用一半的话重新写一遍。如果你收到了一封信，并且非常赞赏其清晰性，那就研究一下，看看能不能从中学到一些东西。是哪些因素让这封信给人留下了深刻的印象？

# 第 9 章
# 金律九：善于打破僵局

对于许多争论来说，我建议“不要强迫别人接受你的观点”。通常，没有必要让对方马上同意你的观点。即使是听到别人说“我现在明白你是多么正确，而我是多么错误”时会使你的自信心大增，但也没有必要强迫他们那样做。对他们来说，最好是再分析一下那些论点。如果他们认为已经得出了自己的结论（而不是受到你的威逼才接受的结论），他们就更有可能坚持自己新发现的观点。当然，他们可能会当场表示同意你的观点，但通常你没有必要强迫他们那样做。给他们一些思考的时间，并随时欢迎他们回来同你进行进一步的讨论。

但是，有时候，特别是在商业环境中，你可能想要推进“交易”的达成。要想深入了解这一问题，你可以去阅读一些正在出售的图书（可以阅读下面这本书：L. Thompson, *Mind and Heart of the Negotiator*, 2008, Prentice Hall）。

## 9.1 惰性

大多数专家都认为，达成一笔交易的最大障碍就是惰性。你可以很容易说服某个人最好买一辆新车、一台新的洗衣机，或其他什么东西。但是，要想真的达成交易却非常困难。这就是为什么杂志社喜欢长期订阅者或直接借记（direct debits）的客户。客户要想取消订阅，需要经过一些步骤，杂志社则不需要每年说服客户继续订阅。

如果你正在进行争论，并且需要结束它，那么请记住下面的要点：

- 给别人制造一种印象：你的报价只会在很短的时间内有效。房地产经纪人在其房子的窗户上挂上“已售出”的标牌并不是毫无意义。他们希望造成这样一种感觉：如果你看中了一套房子，就必须赶快下手，否则别人就会买走。如果你正在与一名建筑师进行争论，那就试试下面的说法：

“你看，我想今天解决这个问题。如果我们现在终止合作关系，我会付给你150英镑，但如果你对此不满意，你可以去法院告我。”

- 制造一种所有人都会购买某种产品的印象。人们对“落伍”或“过时”的担心经常被销售人员利用。
- 利用一个人的自身形象。说服顾客像他这样的人应该购买这一产品。最近，有人在街上挡住我说：

“你是那种关心别人的人，因此请你捐些钱来帮助那些正在挨饿的儿童。”

这就制造了一种印象：如果我不捐款，那么我就是在证明自己不关心他人。这一策略也可以用于机构或团体：

“这难道是我们想生活的社区吗？”

- 尴尬有时候也可以成为一种有效的工具。看看下面这一发生在离婚夫妇之间的讨论：

苏：“你可以在3月份花两个星期照顾孩子吗？”
汤姆：“对不起，苏，恐怕不行。”
苏：“那你能不能在3月的第一个周末照顾一下他们？”
汤姆：“嗯，我想我能做到。”

在拒绝了苏的第一个请求后，汤姆会觉得不好意思再拒绝苏的第二个请求。如果苏一开始就要求他在周末照顾孩子，他就很容易说“不”。这种技巧可以用在各种争论中。

- 人们都说，奉承可以让你心想事成。这可能有些夸张，但它确实是有益的：

布莱恩：“去年你的摊位的销售业绩棒极了，今年继续租用这个摊位如何？”

## 9.2 折中

在争论中，达成一个折中的协议非常有诱惑力。如果建筑师为其工作要价200英镑，而你愿意支付100英镑，那么最后双方都同意支付150英镑的费用是必然的。但是，不要以为那是你应该做的。如果你深信100英镑是恰当的费用，那就坚持下去。如果你相信你的报价很合理，那就不要受到别人报出更高价格的影响。实际上，他们可能是故意报出很高的价格，以期望你提高报价，这样他们至少可以多赚一些。

---

**提示：** 不要屈服于“妥协永远都是合理的”这一论点。

---

英国人总是被吸引走上温和的中间道路，这大概是他们独有的特点。但是，尽管这在某些情况下是明智的，但一定要特别警惕这种诱惑。确定你认为公平的数字。看一看下面这一论点，其目的是减少不满：

> “我本来要求加薪10%，但根据最新的利润预报，我认识到这是不合理的，因此我只要求加薪5%。”

这一论点非常聪明，因为要求这个人做出一些让步会比较困难。实际上，即使对方争辩说公司正在经历困难时期，这个人也可以证明他自己早已考虑到了这一因素。

## 9.3 你的替代选择是什么？

在任何争论中，不要忘记你的替代选择是什么。同时也要考虑对方可能的选择是什么。

**提示：**问问自己，如果不能达成协议，你该怎么办？

如果你不能迫使销售人员降价，那么没有新车会造成哪些影响？如果实际上你的老车工作正常，那么在争论中记住这一点是非常重要的。如果他们不同意你提出的合理价格，那么你就拥有一个很好的替代选择：你可以继续开你的老车。如果你的老板不答应给你加薪，那么你能找到其他工作吗？如果能，那就施加一些压力。如果你没有其他可供选择的工作，那你就必须保证这一争论至少不会让你丢掉现在的工作！

看看另一个例子。考虑一下你正在考虑买一所房子，但不同意卖方报出的价格。你的替代选择是什么？现在购买这所房子对你的重要性如何？现在就把房子卖给你对于卖方来说的重要性如何？如果周围有很多人愿意以高于你的出价的价格买这所房子，那么处境对你就非常不利，坚持你的报价将没有任何作用。如果周围没有其他买家，而且你也不急于买房子，那你就可以坚持你的价格。

如果你有一个不错的选择，那就让对方知道。

> "如果不愿意接受我的出价也没关系。我在另一家商店里看中了一辆车，我可以看看能不能到那里去买下那辆车。"

## 9.4 你到底想要得到什么？

你可能认为你知道自己想要从一场争论中得到什么，但认真想一想。你真正的长期目标是什么？不要将你的谈判地位同你的基本利益混淆在一起。你可能认为以 40 万英镑的价格出售房子对你来说很重要。但你是如何得出那个数字的？是哪些长期目标使你选择了那个数字？通过考虑这些目标并专注于它们，其他选择就可能会出现。如果一个人正在谋求加薪，那么他实际上追求的是什么？是地位的提高吗？是金钱或比别人相对较高的工资吗？要满足这些需求，除了直接加薪之处，还有很多途径可以实现。创造加班的机会、讨论成为自由撰稿人的机会、增加完成工作的数量，或者改变头衔，都是可供选择的解决方案，这取决于你要求加薪的根本原因。

## 9.5 僵局

尽管你提出了很多论点并进行了许多讨论，但仍然会出现僵局，此时该怎么办？你很可能会转身离开，让问题留在那里，如果最初的争论以失败告终，你仍然拥有一些替代选择：

1. 依靠第三方。在商业领域中，依靠仲裁人来解决一个争端是很常见的。即使是私事，你也可以找一位双方共同的朋友或可信的人进行调停。当然，如果你无法找到一种非正式的、成本更低的有效选择，法院最终会起到这种作用。
2. 秘密出价。如果是对费用进行争论，那么就有很多手段可供使用。一种常用的方法是双方秘密地写出其最佳报价。如果他们之间的差别不超过 15%，那么就取两者的平均值，但如果差别超过 15%，那么就由第三方来确定哪一方的报价最合理。另一种可能性是进行招标，并采用最接近专家估价的那个数字，而这一专家是双方都认可的。

3. 掷硬币。这是一种老式的、简单的做法，但有时候也有效。
4. 轮流。在一个著名的法院诉讼中，双方争论的是一大批“椰菜娃娃”（Cabbage Patch）玩偶的所有权。法官要求他们将玩偶带到法庭上。妻子选择一个，然后丈夫选择一个，直到所有的玩偶被分完为止。
5. 著名的国王所罗门要对一个案件做出裁决，他需要确定两名妇女中的哪一个是婴儿的母亲。他裁决将孩子一分为二。一名妇女大声抗议，并声称：如果那样做，婴儿就应该交给对方。所罗门国王裁决那名抗议的妇女一定是婴儿的母亲，应该拥有那个婴儿。

## 9.6 小结

如果没有必要，那就不要强迫达成一笔交易。给对方一些时间和空间来思考你所说的话。如果你需要达成一个协议，那就认真思考一下：在这一交易结束时，你到底想从中得到什么。如果看起来是一个僵局，那么换一个角度思考一下你是否可以通过其他方式获得你想要的东西。如果其他所有方法都以失败告终，那就采用上面讲到的某一种打破僵局的方法。

## 9.7 实战练习

如果你被迫签署了一份你并不认可的协议，那么对方是如何做到的？你会怎么做？永远都要站在宏观的角度考虑问题。在一年之内，如果不签署（或签署）某一协议会怎么样？这一协议是更大交易的一部分吗？如果是，那么由于难以达成一个协议而破坏整个商业关系就没有任何意义。

# 第 10 章
# 金律十：维持良好的关系

你必须在维护双方关系的大背景下来看待一场争论。在准备进行争论之前，你必须考虑到你们双方过去的关系如何，以及你们未来的关系。这场争论会对你们的关系产生什么影响、造成哪些可能的后果？你需要考虑的问题很多。

## 10.1 到底为什么而争论？

要记住，争论通常都是针对某些潜在的问题，而不是正在讨论的那些实际问题。有必要搞清楚即将出现的问题是不是我们正在讨论的问题，或者真正的问题是其他问题。许多人发现，他们以前进行过的争论实际上反映了一种潜在的压力或困难。关于把袜子放进洗衣篮的争论实际上揭示出的可能是双方对关系的深层次担心。在商业环境中，对方的公司可能看起来很难对付，但那是不是因为他们感到在上次与你进行的交易中受到了不公平的待遇？或者，他们的公司是不是正处在困难时期，如果是这样，那意味着你应该如何同他们做生意？

## 10.2 你想要得到什么?

或许第一个需要强调的要点是：能够在一场争论中大获全胜的人十分罕见。在一场争论之后，你的对手不大可能这样说：“你知道吗，我一直是错的，而且现在我明白你一直是对的。”其结果是，当双方达成某种程度的妥协时，大多数争论就结束了。

## 10.3 你想维持朋友关系吗?

在一篇关于如何赢得争论的诙谐的文章中，一位美国记者这样写道：

> “假设你正在参加一次聚会，一些自命不凡的知识分子正在讨论秘鲁的经济问题，而你对这一话题一无所知。如果你正在喝一些对健康非常有利的饮料（如葡萄汁），你就会退到一边，担心表现出自己的无知，尽管那些‘高人们’吸引了你的约会对象。但是，如果你喝了几大杯马提尼酒，你会发现自己对秘鲁的经济拥有十分强烈的观点。你会拥有大量的信息。你将会同别人进行激烈的争论，提出一些深刻的见解，还有可能把桌子掀翻。人们会感到震惊。有些人可能会离开聚会的地方。”
>
> ——戴夫·巴里（Dave Barry）

很容易赢得一场争论但失去很多朋友。一定要注意你的争论方式。

## 10.4 道歉

在争论中，有时候道歉是必要的。或许你明显做错了，除了承认错误并道歉之外别无选择。拒绝道歉会让你看起来妄自尊大。如果你需要道歉，那就大大方方地去做。道歉应该包括下面的这些要素：

- 清晰性。“抱歉，我让你觉得我对你不好。”这不是对恶劣行为的道歉。政治家们因为善于进行一些细想起来并非道歉的道歉而闻名。诚恳的道歉必须明确承认自己犯下的错误。
- 发表一个关于采取何种措施纠正错误的声明，或者对无法纠正错误进行解释。

这些要点都应该被包含在适当的道歉中。但是，有时候，尽管没有必要，进行某种形式的道歉也是有用的。你可以这样说：“我知道我说了一些让你生气的话/做了一些让你生气的事，我从来没有想要伤害你，对此我很抱歉。”这样说表示你承认造成了一些伤害，但避免了陷入关于谁对谁错的争论中。

## 10.5 关系的重要性

在很多情况下，关系比争论重要得多。在商业环境中，你可能会凭借可怕的争论榨干客户的每一分钱，但你有可能失去这一客户。达成一笔对双方都公平合理的交易将会带来更加有效的长期业务关系。

作为一名消费者，我记得有无数次当我走进汽车修理厂的时候，都有一种被“宰”的感觉，我从来都不信任他们。在几次交易之后，现在我使用一家汽车修理厂，我渐渐地开始信任那里的机械师。有几次，他们免费为我的汽车进行了小规模的修理，即使收费也很合理。他们赢得了我这个终生客户。

我相信，我们都曾经在某家公司得到过良好的待遇，然后向朋友们推荐那家公司，并因此给他们带去了生意。这涉及客户对协议感到满意。感觉是被迫或是受到威胁而签署一份合约不会对客户关系带来任何好的影响，在长期中还会损害企业的利益。

记得有一次一名员工要求加薪，他对我施加了很大的压力，要求加薪的数额也超出了我认为合适的数额。我做出了让步，但在第二年讨论加薪问题时，我决定他的加薪幅度低于其他人的加薪幅度，因为“上一次他干得太出色了”。后来我认识到，如果第一次他不施加那么大的压力，他的薪水可能会更高一些。

## 10.6　输掉一场争论

你不可能每次都赢！但先听我一句忠告。在前面，我一直督促你在争论的时候要当心。与我们进行争论的许多人都是想要得到些什么。正如我们所看到的，对方会采用各种手段来欺骗你或让你感到厌倦。下面是其中的一些：

- 你可能会受到一个重要事实的误导。不要仅仅因为是别人告诉你的就相信统计数据。
- 让你信服的论点可能存在着一个逻辑上的瑕疵。
- 可能存在着许多与对方提出的观点相左的论点，而你并没有对这些论点进行认真思考。
- 你可能被对方论点中的情感诉求深深地打动了，以至于没有思考其是非曲直。
- 你可能只是感到厌倦，并且不想继续争论了。

因此，不要轻易认输，特别是当你可能在财务方面受到影响或让你丢掉工作的时候。除非遇到紧急情况，否则没有人会反对你这样说：

“你给我提出了许多需要思考的问题，并且提出了一个非常有说服力的论点。我需要回去认真思考一下我们讨论的问题。”

实际上，如果某个人看上去对此不满，你应该怀疑他是否隐瞒了什么。他们是不是担心你会发现某些能够证明其错误的事实？

但是，尽管如此，有时候你需要接受失败。在这种情况下，许多人会试图保住自己的脸面。

“很抱歉，我觉得我对我们讨论的问题有些糊涂。我想我们正在对 X 进行讨论，但你认为我们正在对 Y 进行讨论。”

还有一些人只是试图体面地结束争论：

“我拒绝同一个已经投降的人进行智力之争。再见。”

在当时，那种言词听起来很明智，但很难带来长期的好处。显然，阿尔·戈尔（Al Gore）在承认输给乔治·布什（George W. Bush）的时候表现得相当大度，这使他的声誉得到了提高。

## 10.7 赢得一场争论

如果你在争论中获胜，那太好了！但在胜利时要宽容一些。我们会在本书的第二部分更详细地讨论这一问题。但是，如果在胜利后你向对手逞威风，那么尽管你赢得了争论，但会失去一位朋友。

## 10.8 小结

要记住，与一个人保持良好的关系比赢得一场争论更重要。也许这次你不能说服他们，但还有机会。也许你能够说服他们，但可能还有其他问题需要讨论。争论可能会造成关系的破裂。不要让这种情况发生在你身上。小心地进行争论，你就可以加强而不是弱化你们之间的关系。

## 10.9 实战练习

要记住，良好的关系比争论更重要。不论你在争论中获胜还是失利，你几乎总是希望你们能够维持良好的关系。如果你是赢家，也不要向对方示威：要宽容一些。如果你输了，也不要气急败坏。在争论结束时，不论结果如何，都要重申一下你们的关系。一起到咖啡馆享受一下快乐的时光吧。

# 第二部分▶引发争论的常见情况

在讲完争论的十大金律后，现在我们要开始看一看某些具体情况，以及如何应对这些情况。我们会发现，不论你是在为加薪而争论，还是同你爱的人或医生争论，这些内容都会对你有所帮助。也许并非所有的情况都与你有关，但你很有可能遇到大部分情况。

# 第 11 章
# 如何与你爱的人进行争论

与你的伴侣和家里面的其他人进行争论是很痛苦且复杂的。这些争论可能会持续很多年！在生活中，或许没有比进行恰当的争论更重要的事情了。如果能够熟练掌握争论的技巧，那么你的生活可能会更舒适一些！我没有见过哪对夫妇认为自己争吵次数不够多的。

**错误的做法**

沙瑞塔："你又乱扔你的袜子了。"

苏　尼："我又没有妨碍你把它们捡起来。而且……"

沙瑞塔："你以为我是什么人，是你的仆人吗？"

苏　尼："你似乎把我当小孩子来对待。"

沙瑞塔："如果你长大一点儿，我就不会那样做了。"

苏　尼："我什么事都得做，还要去挣钱。而你只是在屋子里闲逛，唯一让你重视的事情就是我的袜子。你需要做点儿有意义的事！"

沙瑞塔："没错，也许我应该。跟你在一起生活真是上当了。我需要真正的生活。离开你是有益的第一步。"

这个例子显示出对一些最不起眼的事情的争吵有多么容易

失控，并逐步升级为一个很大的问题。

实际上，争论可以在某种关系中扮演有益的角色。它们有助于双方认识到各自真正关心的问题。争论可以让情感和敌意发泄出来，否则有可能继续恶化。所有的关系都需要一个边界和范围。一种允许一方在所有事情上都为所欲为的关系不是一种良好的关系。如果一位妻子不断地屈服于她的丈夫，那会是一场灾难。一位英国法官曾经说过："在婚姻中，丈夫和妻子成为一体，而丈夫就是一切。"现在，这种说法已经过时了，无法令人接受。关系就是相互平等。争论就是要确定如何使你们相互矛盾的利益得到平衡。

"大多数夫妻并不是对许多事情进行争论，而是对同一件事情进行多次争论。"

——盖伊·亨德里克斯（Gay Hendricks）

## 11.1 如何与你的伴侣进行争论

下面是一些在同伴侣进行争论时的要点：

- **别忘了金律二**：选择合适的时间和地点进行争论。你最了解你的伴侣的弱点。我妻子知道，在我饿的时候，最好不要提到敏感的问题！如果那个问题很重要，需要进行争论，那就找一个双方都放松的时候进行讨论。我知道……永远都找不到这种机会，但至少要努力寻找！
- **别忘了金律三**：重要的是不是你说什么，而是如何说。

不要发脾气。在讨论这一条金律时，我提到过许多能让你保持冷静的小窍门。如果你感到自己要发火了，那就同你的伴侣保持一定的距离并冷静下来。发脾气不仅对你们之间的关系没有任何好处，而且还会伤身体。

- **绝不要使用暴力**：永远都不要打人、扔东西或者威胁伴侣的人身安全。如果你担心可能会使用暴力或已经使用了暴力，那就赶快找专家帮忙。如果你的伴侣曾经对你使用暴力，那就要认真考虑一下是否最好中断你们的关系。所有的证据都表明，对伴侣使用暴力的人会屡教不改。通常，使用暴力的伴侣会深深地道歉，但下次使用暴力时会更严重。
- **记住金律四**：倾听，倾听，再倾听。必须认真倾听你的伴侣所说的话。不要打扰对方。不要中断对方的话。当你的伴侣提出一个合理的观点时，就接受并认可它。表现出你听到并接受了对方所说的话。在争论中，夫妻双方通常都非常热衷于指出对方的错误，而不是倾听对方在说些什么。
- **尝试着根据感受说出你的观点**。与“你更关心你的工作，而不关心我”相比，“有时候，我觉得你更关心你的工作，而不关心你为我做了什么”这种说法显得更平和一些。在根据你的感受提出自己的论点时，你不是在评判对方，而只是在表达出你的情绪。这就为随时和解打开了大门：“我知道最近我会工作到很晚，但是……”
- **关注未来而不是过去**：对于关系来说，关注过去通常没有多少意义。造成矛盾的问题在未来如何解决？不要批评，而是要请求，这或许更有帮助。“以后吃完饭把碗放进洗碗机里好吗”可能比“你从来不帮我洗碗”更有效。关注过去会令人感到歉疚和羞愧，但也有可能带来人身攻击、挫折和愤怒感。关注未来会在不对关系造成损害的情况下带来解决问题的方法。

- **记住要从伴侣的角度看问题**：感谢你的伴侣为你们的关系带来的好处。“我知道你整天都要照顾孩子，没有比这件事更令人筋疲力尽的了，但是……”感谢是一件好事。要让家人明白，你很爱他们/她们，也很尊重他们/她们。
- **不要着急**：如果你认识到你们的争论会陷入僵局，那就建议花些时间想一想。可能还有更多的选择，而你们没有意识到。向你的伴侣澄清你不是在试图回避问题。向对方保证你们会在指定的时间继续进行讨论，或许是在“明天醒来之后”。带着问题去睡觉也可以为你提供一些观点。我相信我们都曾经遇到过这样的情况：第二天醒来的时候，你会感到奇怪，为什么昨天要对这件事进行争论，而这件事在第二天看来是如此微不足道。当时，牙膏放在哪里似乎是一个重要的问题，第二天看来这个问题非常可笑。但是要注意，不要将争论永远搁置起来，这可能会隐藏一些深层次的问题。
- **设定一个期限**：如果你正在进行一场争论，那么设定一个期限是非常有用的，如果到时候没有解决问题，那就答应以后再继续讨论。然后去尽情欢乐一下。

- **要注意真正的问题是什么**：一个微不足道的问题酿成重大争论的事情十分常见，但小问题可能会反映出重要的观点。关于牙膏的争论可能反映出了一个更加宽泛的问题：一方认为另一方并不尊重他或她，或者一个团体感觉另一个团体试图控制他们。我们可以在苏尼和沙瑞塔的争论中看出这一点。最初看起来那是一场关于袜子的争论，但显然还有许多其他问题。苏尼感觉沙瑞塔总是试图控制她。沙瑞塔似乎发现她的生活并不令人满足。这些才是主要问题。如果得不到解决，她们的关系注定会以失败告终。首先，她们需要快速解决袜子的问题。更大的问题需要时间更长、更严肃的交流，或许在她们的时间都比较充裕的时候再进行讨论更好。

苏尼："我认为让这些问题浮现出来是非常好的。我想我们需要花些时间对它们进行更深入的讨论。至于袜子的问题，我会努力记住把它们放进洗衣桶里。我经常急着去工作而忘记，但我会努力并做得更好。但是，或许我们应该在明天花一些时间讨论一下我们的生活目标是什么。"

## 11.2 调停

- **记住金律十**：或许你的伴侣不太讲理，或者提出一些你认为非常无聊的要求。尽管如此，你们的关系仍然比一个琐碎的问题更加重要。如果你的伴侣认为某件事很重要，你应该尊重其观点，即使这对你来说是一件不起眼的小事。在我们的例子中，苏尼是不是真的不顾一切地要求别人同意她把袜子扔在地板上，以至于甘愿危害到她与沙瑞塔的关系？如果把袜子放进洗衣桶里这件小事意味着她们的关系可以持续，难道不值得去做吗？不要被“我的权利”所误导：你的权利在重大政治争论中可能很重要，但在夫妻关系中，它只与如何保持良好的关系有关。

- **要宽容**：当你始终和某个人在一起的时候，你就会看到其最脆弱的一面。当他或她筋疲力尽和失意的时候，你就会看到其弱点。我们都需要在某些时候放松我们的戒心，不再把自己伪装起来。伴侣们在这个时候就能彼此看到真实的对方。因此，不要期望你自己或你的伴侣完美无缺。你必须宽容并谅解。
- **愿意道歉**：正如我们刚刚看到的，你不能期望你的伴侣尽善尽美，你的伴侣也不能期望你完美无缺。随时准备道歉。一句“真的很抱歉，我不该那样说”就可以改变局面，可以化解一场激烈的争吵，从而让你们度过一个愉快的夜晚。道歉一分钱都不用花。拒绝道歉会让你的伴侣感到你不理解其感受，并且不关心他或她。注意，由于伤害别人的感情或说了一些令人痛苦的话而道歉并不意味着你输掉了争论。一旦紧张的关系有所缓解，造成你说错话的问题会重新出现。
- **采取积极的态度**：如果你不得不进行争论，那就要设法保证从中得到好的结果。否则，你将反复进行同一类争论。得到积极的结果几乎总是涉及双方就改变各自的行为达成一致。苏尼需要学会把她的袜子放好，而沙瑞塔可能需要学会在苏尼忘记的时候不去批评她。

如果你们已经达成了一个协议，那就尽最大的努力坚持。

**正确的做法**

沙瑞塔：“你又乱扔你的袜子了。”

苏　尼：“真的很抱歉。今天早上我的时间真的很紧。抱歉让你提醒我。那一定让人很恼火。”

沙瑞塔：“没什么。”

苏　尼：“我似乎经常做一些让你生气的事。不知道明天晚上我们是否可以花些时间讨论一下这个问题。”

沙瑞塔：“那太好了。我经常数落你吗？”

苏　尼：“嗯，有时候的确是。我们可以明天讨论这个问题。现在我们出去吃一顿美餐并度过一段美好时光吧。”

## 11.3 小结

在夫妻之间进行恰当的争论是至关重要的。合理的争论是健康夫妻关系的一个良好组成部分。尊重你的伴侣，并认真倾听他或她所说的话。要记住，重要的是，那些对你无关紧要的事对你的伴侣来说可能非常重要。一起讨论问题，并得到一个有利于改善夫妻关系的解决方案。

## 11.4 实战练习

下面是一些非常有用的说法：

- “很抱歉让你生气了。我非常爱你，从来没有想要伤害你。我想我们需要花些时间彻底讨论一下这一问题。我们明天去河边散散步并谈谈这件事如何?”
- “我知道你不是故意让我生气，但你在说那类事情的时候，我觉得你并不是真的尊重我。”
- “我想我们遇到问题了。我知道足球对你来说真的很重要，它给你带来了许多乐趣。但是，这意味着星期六的大部分时间我要和孩子们在一起，而我觉得没有时间和你在一起。我们能不能讨论一下解决这个问题的方法?”

# 第 12 章
# 如何与孩子进行争论

为什么孩子们比其他人更容易让人生气？大多数夫妻会在某些时候对他们的孩子感到绝望：

“他们就是不听话。我无法让他们做任何事。只有不停地争吵。”

也许我们不应该感到吃惊。父母必然会用某种方式来对付他们的孩子，而他们不敢用这种方式来对待别人。你是否曾经试图命令一个成年人去上床睡觉，或者告诉他们穿着不合体？我们不喜欢别人命令我们做什么，而孩子们也不喜欢，这没什么值得奇怪的。要记住，孩子们也有他们的权利。十大金律既适合于成年人，也适合于孩子。

**错误的做法**

爸　爸：“史蒂夫，在你做完家庭作业之前不能出去玩儿。”

史蒂夫：“爸爸，我已经 15 岁了，不是 7 岁的孩子。我稍晚一些再做作业。”

爸　爸：“听着，我是你爸爸，你必须按我说的做。”

史蒂夫：“好吧，我明天早上做作业。我现在必须走了，否则就会错过聚会。”

爸　爸：“你要是去参加聚会，那么这个月剩下的时间你就没有零花钱了。”

史蒂夫：“你绝不能那样做。好了，我要走了。”

爸　爸：“（抓住史蒂夫的胳膊喊道）我说到做到。你哪儿也不能去。”

史蒂夫：“（推开他的父亲）放手，爸爸。”

（史蒂夫推开他的父亲走了。）

这是父母与十几岁的孩子之间相互交流时的典型情况。我们在本章结束的时候会看一看如何更好地进行这一争论。

## 12.1　策略

下面是父母与孩子们进行争论时常用的一些策略：

1. **威胁**：“做完家庭作业，否则这个星期就没有零花钱。”
2. **奖励/诱惑**：“做完家庭作业，这个星期你就可以额外得到 2 英镑的零花钱。”
3. **讲道理**：“做完家庭作业，这样在考试的时候就能得到更高的分数。”
4. **权力**：“做完家庭作业，因为那是我说的。”
5. **内疚感**：“我们为你付出了那么多，你至少可以完成你的家庭作业吧。”

从本质上说，这些策略都没有什么错误。但要小心使用。下面我们进行逐一分析。

**威胁**

威胁是父母手中的主要武器。父母可以轻易控制孩子们能否得到他们想要的东西。对于较小的孩子，父母甚至可以把他们的意愿强加给孩子（如把他们抱到其房间里）。但是，使用威胁时一定要小心，否则很可能被误用：

- 如果不打算说到做到，就不要进行威胁。你的孩子很快就会明白你不会真的实施你的威胁。实际上，大一点儿的孩子很快就会看出你不打算将威胁付诸行动。
- 先从较小的威胁开始，然后逐步升级。开始的时候可以说："我将不得不考虑是否减少你的零花钱……"
- 要适当。不要发出与所犯错误不相称的威胁。大多数孩子都拥有很强烈的公平感。

在很多情况下，最好以让孩子进行选择的方式提出威胁。

**有用的范例**

"你可以选择整理干净你的房间并得到零花钱，也可以选择不整理房间并且得不到一分零花钱。"

以选择的方式表达出威胁的好处之一就是：它告诉孩子们，他们做出什么样的选择，就会有什么样的结果。这是他们在生活中必须学习的课程。这样做还使得他们能够在不同结果之间进行选择。当然，只有在你做好准备如果他们不整理房间就不给他们零花钱的情况下，这一策略才是明智的。

**奖励/诱惑**

父母们可能最喜欢采用这一策略。给予奖励总是比进行惩罚的感觉好一些。再强调一次，这样做存在着风险：

- 不要养成使用诱惑的习惯。有些事情是孩子理应做的。将诱惑用于特殊情况（火车被取消，或者孩子在饭馆里哭闹）。
- 如果你正在诱惑孩子，那就要保证其及时性。承诺下周兑现的好处不如立刻兑现的好处更有效。
- 确保你的诱惑是适当的。不要使用大量的诱惑让孩子做简单的事情。

诱惑的主要不利之处在于：孩子可以很容易地知道，得到好东西的最佳途径就是做一些不该做的事。那样的话，你就会因为听话而得到奖品。因此，多使用奖励而不是诱惑就非常重要。如果一个孩子表现很好，并且按要求整理了房间，那就在事后给他一些奖励。正如许多专家所说，如果你关注不良行为并忽视好的行为，你就会遇到麻烦！但是，如果孩子表现很好，做父母的就很容易忽视他们，去忙自己的事。

使用奖励的另一个好处是让孩子深刻地认识到：不同的行动会带来不同的结果。如前所述，孩子要上的重要一课就是知道：现在想做的事情可能不是最该做的事情。做一些现在不太愿做的事情可能会为以后带来好处。做一些现在想做的事情（比如吃掉一大桶冰激凌）以后可能会后悔。注意，我们中的一些人到现在还没有学好这一课！

## 讲道理

当然，并不是所有的孩子或所有的情况都可以通过讲道理来应对。年龄较小的孩子或十分不安的孩子不可能理解经过精心雕琢的论点，而且时机也可能不太好。但是，只要可能的话，就对你的孩子讲道理并提出合理的论点，因为它比采用诱惑和奖励的成本更低，而且也不太困难。更重要的是，讲道理会让你的孩子知道如何制定决策以及如何用自己的脑子来思考问题。

你提出的论点应该符合孩子们看待世界的方式。告诉一个7岁大的孩子，如果做好家庭作业就可以上一所好大学并取得不错的学习成绩，这不大可能产生效果。而向一个渴望进入某所大学的17岁的孩子提出同样的论点就有可能见效。不要假定对你有说服力的论点也会对你的孩子有效。你可能认为“穿这身衣服出去会感觉很冷”是一个无可辩驳的论点，但对孩子来说可能并非如此。同样，对于成年人来说，“我的朋友都是这样做的”听起来是一个非常糟糕的论点，但对孩子们来说却非常有效。

这就是倾听的重要之处。

**有用的范例**

“你为什么认为那是一个好主意？”

你需要找出是哪些因素促使孩子们做出他们的决定。你能用那种思维方式得到你想要的东西吗？那些由于想显得很时髦而穿很薄衣服的孩子可能要到离聚会地点不远的地方才答应穿上外套。

## 权力

这不是一种赢得争论的有效方式。孩子年龄越大，这种方式就越无效。无论如何，这不是教育。它告诉孩子们的唯一一点就是：如果你比其他人更强壮，你就可以而且应该将你的意愿强加在他们身上。对孩子进行说教尽管能够让他们按你说的去做，但在长期中可能会疏远他们。说服孩子自己去思考并得出合理的结论要有效得多。

尽管如果，有时候你还是别无选择，只能行使权力。如果孩子必须要去医院看病，而他拒绝出门，那么你可能没有时间做其他事情，只能把他抱起来放进车里。但是，在这样做之后，要同孩子讨论这件事。向他解释一下为什么要把他抱到车里。

## 内疚感

内疚感是父母们常用的一种方式。所有的父母都为孩子们做出了巨大的牺牲，而有些孩子似乎并不领情。父母们没有想到的是，他们的孩子根本就不知道自己有多幸运。

但利用内疚感不会带来有益的结果。回忆一下金律十：长期关系是关键。一种建立在内疚感和义务感（sense of obligation）上的关系在长期中不大可能是有益的关系。你应该告诉孩子们，与其他孩子相比，他们拥有多少优势。提醒他们你为他们所做的一切通常不是一个好的想法。无论如何，我们都知道他们长大后会说："我没有选择被生出来!"告诉孩子你为他们所做的一切可能只会造成怨恨并忽视当前需要解决的真正问题。如果孩子只是由于负疚感而按照你所说的去做，那么这不是一种良好关系的基础。

例如，假设你去为孩子朋友的生日聚会购买一件礼物，而你的孩子在玩具店里生闷气，因为你不会同时给他买一个礼物。这时候你很容易说："你不知道我为你付出了多少，而你总是不知足！你不知道你有多幸运!"这可能是真的，但在孩子生气的时候，他不大可能对这类论点做出响应。你最好这样说："谢谢你告诉我你喜欢那个玩具。下次我会给你买一个玩具，那个玩具一定会非常好玩儿。今天没有轮到给你买玩具，但如果你表现好，我们会考虑最近再给你买一个。"

## 12.2 与孩子争论的一般原则

在涉及孩子的时候，有一些重要的一般原则：

- **不要体罚**。这一领域中的大多数专家（包括儿科专家、社会工作者和学者）都认为，体罚不会起作用，而且是有害的。
- **保持冷静**。朝你的孩子喊叫有时候会有效地达到一个短期目标，但在长期中，这会让孩子们知道喊叫是可行的，而且当他们失控的时候也会大喊大叫。在可能的情况下，父母应该在行为上做出好榜样！当然，所有的父母有时候都会喊叫，如果你从来没有喊叫过，那你就有可能不是正常人。但尽可能不要那样做。如果你的孩子快要烦死人了，那么你最好走开。到外面做个深呼吸。喝一杯水。让你的伴侣去对付他。实际上，让人感到非常惊讶的是，将一个新人引入一个困难的局面中可以迅速解决问题。

- **表扬你的孩子**。即使是在纠正他们的时候，也要强调他们做得好的一面，并鼓励他们在你们正在讨论的事情上也做得好一些。还要记住，要对良好的行为给予奖励和鼓励。如果良好的行为得不到回应，而不良行为却会遭到责备，那么不良行为可能会成为孩子从你那里得到回应的唯一方式。你必须学会识别那些吸引关注的行为。孩子们有时候很气人，只是因为他们感到厌倦，并需要得到某些关注。停止争论，拥抱他们一下可能就非常有效。当然，如果问题出在这里，那就在你的日程中为他们安排一些美好时光，这样他们就不必依靠一些不良行为来吸引你的注意力了。
- **尊重你的孩子并把他看成一个聪明的人**。告诉他们为什么要以一种合理的方式行事。倾听他们为什么不按你的话去做是很重要的。当你恰当地倾听时，你可能会认为他们说得很有道理。要记住，对孩子们重要的事情对成年人来说并不一定重要。你不应该把他们当成“小大人”，而是要把他们当成是好孩子。所有这一切会让你的孩子终生受益，因为他们学会了自己思考问题。如果你尊重你的孩子并把他当成一个聪明的人，他们就更有可能以同样的方式对待你（或其他人）。
- **花些时间同你的孩子在一起**。只有花些时间同他们在一起，你才能更好地了解你的孩子。只有到那时候你才会知道哪些因素有可能引发争论，以及发生争论时他们可能愿意倾听哪种类型的劝说。大量的证据表明，与父母之间的良好关系对于孩子的教育、心理健康和幸福都有好处。

- **一致性是关键**。如果你有原则，那就坚持这些原则。如果某些行为需要奖励或惩罚，那就去执行。
- **注意你的用词**。成年人对某些不良词汇的使用已经习惯了，他们通常能够忽视它们，或者不去想它们的意思。孩子们却很难做到这一点。成年人很容易对“你太笨了”这种话一笑置之，但孩子们却不行。因此，要特别小心，不要对孩子进行人身攻击。只能对他们的行为进行评论，不要对他们自身进行评论。这一点极其重要。儿童时期形成的自尊问题可能会在日后发展过程中形成更大的问题。因此，在争论中要针对问题/行为，而不要进行人身攻击。你应该说“在墙上乱写乱画不好”，而不要说“你真是一个调皮、愚蠢的孩子”。

**有用的范例**

“对于你这种年龄的孩子来说，那种行为是不恰当的。”（而不要说“你太幼稚了”。）对于年龄更小的孩子，你可以说：“两岁的孩子才会那样做。现在你已经三岁了。”

“我不喜欢你使用那种语言说话。”（而不要说“我讨厌你”。）

“你是一个很聪明的人，但你那样说话是不好的。”（而不要说“你很愚蠢”。）

- **要记住，孩子们从你那里学习如何争论**。如果你严厉地责骂别人、不听别人说什么、辱骂别人、对别人大喊大叫，那么孩子们也会学会这种争论方式。

## 12.3 不守规矩的孩子

或许最难对付的情况是孩子们生气了，而你想要同他们讨论某些问题。首先，要记住，生气是一种正常、自然的情绪。对孩子来说，难题在于如何应对自己的怒火。不要错误地认为由于他发火了就不是好孩子。问题可能与怒火如何表现出来有关。

下面是一些重要的提示：

- 找出孩子生气的原因。哪些事情让孩子生气？这些事情能够很轻松地处理吗？有些孩子在饥饿或疲劳的时候脾气会变坏。或许吃点儿东西就能解决问题。确保孩子有足够的休息可能是问题的关键。你是不是做了哪些让孩子生气的事？记住，你很容易仅利用成年人的眼光来看待问题。在你看来，孩子因为找不到泰迪熊（teddy）而发脾气这一事实毫无意义，因为他还有几十种毛绒玩具。但孩子们并不这样看。
- 告诉孩子你理解他们为什么发脾气。尽最大的努力转移他们的注意力。

**有用的范例**

"我知道你真的很生气。"

"你知道，有时候我也会生气。我理解你真的很生气。"

"苏那样对你的时候真的很烦，是不是？"

- 承认孩子生气了，如果你知道他们为什么生气，那就承认你对他们做错了事。根据孩子的年龄不同，帮助他们找出令他们生气的原因是非常好的做法。同孩子们谈谈生气和情绪反应是非常有意义的。当他们生气的时候，来到他们旁边，成为他们的朋友，而不是站在他们的对立面，这有助于加深你们之间的关系。你关心的问题可以等孩子平静后再解决。
- 向孩子展示如何更好地表达愤怒。这最好是在孩子平静下来后再去做。问问自己，他或她生气的时候应该做些什么？或许你应该鼓励孩子到外面去从事一些消耗体能的活动。（“当你感到生气的时候，为什么不去骑车?”“你发火的时候打一下枕头如何?”）我的妻子告诉我们的女儿，只要是在她的房间里，她可以尽情地发脾气，可以使劲地用脚踏地板。你需要给你的孩子提供一种发泄其怒气和挫折感的方式，并帮助他们认识到发火是一种正常的感受。告诉你的孩子，他们在生气的时候所做的事会伤害他们自己，也会伤害别人，并告诉他们应该如何合理地表达自己的愤怒。
- 倾听孩子在说些什么，并确保他们知道你在倾听。重复他们所说的话，以便确定自己的理解是正确的。你需要告诉他们，倾听别人的话是非常重要的。如果你不听他们在说什么，那么他们为什么要听你所说的话呢？
- 有时候，我们很容易将令孩子发火的所有问题都看成是他们自己的问题。但是，我们最好将它们看成是家里的问题。实际上，学校和朋友在应对这些问题时都可以发挥作用。

- 在孩子生气或情绪激动的时候显然不是进行争论的好时机，也不是纠正孩子行为的好时机。你需要在他们冷静之后再解决目前的问题。

**有用的范例**

"今天早上，在你正在看电视的时候塞尔维（Sylvie）换了台，你很生气，还骂了她。你真的需要去向她道歉。"

- 让你的眼睛同孩子的眼睛处于同一高度可能会有所帮助。或者跟他们并肩坐在一起。每个孩子都各不相同，因此你需要找到一种最佳方式，告诉他们你会支持并帮助他们。让你的声音保持平静，并保持愉快的表情。根据孩子的年龄，把他们抱起来或者抚摸他们会非常有益。有些孩子在生气的时候可能喜欢一个人待着，不愿意让别人抚摸。
- 简化问题。孩子们不喜欢长时间谈话（这样做也很少会产生效果）。快速解决问题。或许换个时间再进行更加深入的交谈。
- 孩子的行为可能是某种疾病造成的。如果你担心你的孩子的行为不同于正常孩子的行为，与医生进行一次谈话或者对他们进行一些检查可能会让你放心。

## 12.4 十几岁的孩子

对于十几岁的孩子来说，我们在前面讨论的许多原则同样适用。下面是一些要点：

- 花些时间同十几岁的孩子在一起，但要注意他们对隐私和空间的要求。即使不直接同他们谈话，你可能也需要在他们身边。在讨论的时候，尝试着使用开放式问题："你今天感觉怎么样?"不要使用封闭式问题："你今天是不是过得很好?"对封闭式问题的回答很可能为"是"或"不是"。如果十几岁的孩子想要跟你谈话，那就将这类谈话当成是聊天，而不要去训诫他们。争论可以根据情况而采用"讨论"的方式。
- 倾听他们的论点并尊重他们。尝试着对他们重视的论点做出回应。例如，你和你的朋友认为某一外套不适合并不能说服一个赶时髦的孩子。实际上，对于许多十几岁的孩子来说，能够选择穿什么衣服是其个人身份和独立性的一个关键方面。你必须重视并理解这一点。
- 许多十几岁的孩子深受自尊问题之苦。对这个问题要保持敏感，特别是与个人仪表相关的事情。不要严厉批评他们或做出贬损式的评价。即使是玩笑话也可能被误解。给孩子打打气。像对成年人一样尊重他们。
- 有些十几岁的孩子发现应对和表达情绪问题非常困难。在这个时候，你需要理解并支持他们。耐心地帮助他们用合适的方式表达出那些情绪。责备或惩罚他们不会有任何帮助。
- 要记住，对于许多十几岁的孩子来说，他们在朋友中的地位非常重要。在他们的朋友面前责备其房间很乱可能很不受欢迎。最好是在你和孩子单独相处时再处理各种问题。

**正确的做法**

爸　爸："史蒂夫，你要去哪里？"

史蒂夫："我要去参加一个聚会。我会搭车去，但现在就得走了。"

爸　爸："但是，你做完家庭作业了吗？应该在什么时候完成？"

史蒂夫："明天。"

爸　爸："那么你打算怎么完成你的作业呢？"

史蒂夫："我会在明天早上完成。"

爸　爸："你能保证明天准时起床吗？"

史蒂夫："当然能。"

爸　爸："如果你睡过头，就会在学校遇到麻烦。"

史蒂夫："没错。我会在 11 点回来，并且把闹钟定在早上 7:30。"

爸　爸："好吧，我们将这一次看成是测试。如果这次没有达到预期的结果，你能不能答应以后在出去玩之前必须先完成家庭作业？如果你同意了，那就可以走了。"

史蒂夫："很公平。再见爸爸。"

## 12.5　小结

孩子们都很优秀！鼓励你的孩子成为一个好人，而不是在他们犯错误的时候反应过度。只要有可能，就尝试着同他们讲道理，并给出好的理由要求他们按你所说的去做。同他们讨论事情为什么会出差错。帮助他们认识到结果来自于决策。永远都要深深地爱护他们。

## 12.6 实战练习

尽可能多地同你的孩子交谈。是哪些因素让他们闹个不停？他们要成为哪一类人？他们喜欢做什么？在讨论中，尝试着围绕这些问题展开话题。尽最大努力同你的孩子一起解决问题，而不是命令他们去做什么。

# 第 13 章
# 工作中的争论

在工作中，你是不是不停地陷入争论之中？你是不是发现很难维护自己？人们是不是不断地告诉你该做些什么，而你或者陷入争论之中，或者全面败退，感觉自己像个受气包儿？你是不是一位常常同自己的员工争论的老板？本章将为你提供一些在工作中进行争论的重要策略。

**错误的做法**

（莫尼卡、杰西卡和同事们参加一次工作会议）

莫尼卡："我建议我们继续进行那一交易。"

杰西卡："什么？就像几年前同伯明翰进行的那笔糟糕的交易一样吗？"

莫尼卡："得了，我们还是忘了它吧。就像去年你组织的那次令人绝望的公司野餐一样。"

杰西卡："那么关于这笔交易的数据在哪里？我们只相信数据！"

莫尼卡："讨论这个问题似乎毫无意义。"

杰西卡："你说的对极了。如果我是你的话，我就会闭嘴。"

老板："莫尼卡和杰西卡，我认为你们两个人都需要冷静。这对你们两个人都没有好处。"

## 13.1 如果可能就避免争论

工作场所是一个相当紧张的地方。压力水平可能相当高，你很容易发脾气，或者陷入一场事后让你后悔不已的争论中。遵循金律二：这一争论真的很重要吗？在这个时间和地点进行争论恰当吗？

在公司中，或许你发现自己总是跟某些人争吵。那就避开他们！或者确保你参与的项目中没有他们的影子。更好的做法是同他们会面，以便令你们之间的关系好一些，并处在一个更加平等的地位上。

要成为一名鼓励者和表扬者。如果事情需要变革，那么在工作中看到积极的一面有助于让问题更容易解决。如果人们知道你通常站在他们一边并支持他们，那么他们才会倾听你的抱怨。

## 13.2 时间和地点

在讲解金律二的时候，我们讨论过这个问题。但是，在这里，你需要向自己提出一些特别重要的问题，尤其是下面这些问题：

- 这一争论最好是在会议上进行，还是私下进行？
- 如果私下会面更好，那么你是希望某个人和你一起参加，还是在一对一的情况下最有效？
- 这一问题最好是通过书面方式解决还是面对面解决？

如果需要采用面对面的方式，那么先发出一封电子邮件表明你的关注点会不会有所帮助？

- 你能想到进行这一争论的更好时间吗？例如，最好不要在星期五下午 4 点进行争论。

如果你是公司的低层员工或新员工，那么最好确认一下现在提出你的观点是不是恰当的时机：

“对于这一提案，我的确有几个问题。现在提出来合适吗？”

## 13.3 让人们看到你把工作放在第一位

许多公司中都充斥着只为自己着想的人。有时候员工之间的竞争也会得到鼓励。但是，你至少应该让别人看到你是把工作放在了第一位。将你的论点建立在对公司而不是对你自己最有利的基础上。通过从对公司有所帮助的角度提出你的论点，你就可以获得其他人员的支持。你还可以着手寻找某些共同点。希望每个人都同意你的观点：能够促进公司的发展是最好的。实际上，如果你能够证明同你争论的人把自己的利益放在了公司利益的前面，那么你就踏上了赢得争论的道路。

另外，考查一下你为什么要提出这一问题并进行这场争论。只是为了让自己看起来好一些？还是为了让某人难堪？抑或是这个问题对公司来说真的非常重要？要对你的动机持怀疑态度。动机不良的争论可能会产生严重的后果。要避免进行这种争论。

## 13.4 认真选择论点

在商业环境中，有很多问题需要争论。你可能认为有很多事情能够做得更好。但是，如果你得到了“事事都争论”的名声，那么你的论点也就会失去力量。将关于咖啡机的争论留给别人，自己等待更重要的争论吧。对于说话比较少的人，在他们说话的时候，人们通常会认真倾听。对于一直在争论的人，人们通常会说：“又来了。”

## 13.5 鼓励讨论

如果你是一名管理人员，你很可能会阻止讨论或争论。这并一定是一个好主意。人们对自己的观点和关注点表达得越多越好，至少在重大问题上，这一点是正确的。你希望人们现在就提出自己的关注点和问题，并马上得到解决，而不是等到提案已经非常成熟后再提出问题。在主持会议的时候，你可能倾向于匆忙浏览一下手中的材料。然而，尽管速度很重要，但更重要的是制定正确的决策。如果工作人员感到说出他们的想法不合时宜，那么在他们中间很容易就会积累起抱怨。让私下里反对你的计划的人参加会议不大可能带来有益的结果。同样，如果在会议中形成了进行争论的传统，那就会阻碍人们提出自己的观点。要鼓励人们倾听所有的观点。

这就是为什么“头脑风暴”之类的做法非常有用的原因。“头脑风暴”就是人们可以提出各种观点，而这些观点不会引起其他人的争论。

## 13.6 让人们和你站在一边

如果你正打算召开一次会议或进行一次争论，那就要争取其他人同你站在一边。事先和同事们讨论一下那个问题。你或许会发现那些可能反对你的人以及反对你的原因，但更重要的是你会了解到在会上将有人支持你。在你演讲完后，如果人们纷纷表示同意你的观点，那么你的地位就会得到加强。你可能会发现某人担心某个特定的问题，你可以做出一些小的让步，这样就可以赢得他的支持。在会前完成这些工作比在会议进行当中要容易得多。

## 13.7 永远都不要发火

在工作中发脾气会导致灾难性的后果。那会让你显得很不专业、缺乏控制能力。如果你很容易发火，那就要尽一切努力避免这种情况的发生。看一看金律三。如果你去参加一次压力很大的会议，而且你预知自己会发脾气（或许有个人总是故意跟你为难），那么就假设你受到了挑衅，但要保持冷静。预先考虑一下你将要面临的局面，控制自己的情绪是非常重要的。如果以一种冷静、专业的方式展示你的论点，那么人们就会认真倾听。发脾气很可能让你输掉争论。

## 13.8 让问题得到解决

在争论中，人们倾向于做出妥协并推动问题的讨论过程。

有时候这样做是有效的。但要小心。妥协可以掩盖公司中两个派系之间的根本分歧。他们可能会共同签署某一文件，但心里想的却完全不同。如果可能的话，应该解决这些分歧。但是，问题有可能无法解决，却必须采取某种行动。此时，你就要尽最大的努力让所有人支持这一行动。确保他们至少了解了这一行动。认可他们的观点，并说明倾听所有的观点有助于制定最佳决策。在可能的情况下，指出他们关心的问题，并证明你已经考虑到了这些问题。说明这样做对他们是有好处的。

## 13.9 要诚实

如果你急于看到你的项目取得进展，或者你的观点被公司采纳，那么你就很有可能会篡改数据或掩饰潜在的问题。永远都不要撒谎。如果被揭穿，你的职业生涯可能会遭到重大打击。人们永远也不会再相信你。不值得冒这么大的风险。

## 13.10 争论后的和解

如果在工作中你遭遇到了一次争论，最好设法快速解决。如果你的行为不当，那就去道歉，并向对方保证不会再出现这种情况。如果你得罪了你的老板，那这样做就显得特别重要。在老板面前表现得诚恳、专业一些将使你能够最大限度地保住你的工作。

如果你在工作中与别人进行了一次争论，而且你就是老板，那么你仍然需要修补因争论而破裂的关系。如果你不这样做，那么不同派系的人就会联合起来对付你，你会发现你越来难以实施老板的权威。恢复办公室中的和谐是非常重要的，因此你应该尽最大的努力来减少分歧。如果你做了一些错事，就要为那种行为道歉。道歉并不是软弱的表现。坚强的人才会道歉。如果你对自己的行为负责，员工们就会更加尊重你。

**正确的做法**

莫尼卡："我建议我们继续进行那一交易。"

杰西卡："我认为我们需要认真考虑一下。这一交易对公司来说可能真的很有利，但以前我们犯过错误，真的需要谨慎一些。"

莫尼卡："是的，我还记得那次令人绝望的公司野餐。"

杰西卡："莫尼卡，我想我们需要关注眼前的问题。你已经说明了这一交易的好处，但我们需要考虑一下其风险。"

莫尼卡："当然，我们应该怎么做？"

杰西卡："我们需要考虑两种非常可怕的情况……"

## 13.11 小结

在工作场所，你必须认真地选择你的论点。如果有可能的话，要确保其他人站在你这一边。在召开会议时，这一点特别有用。让你的观点保持清晰，并将公司的利益放在中心位置。

## 13.12 实战练习

召开一次会议，在会上你只是观察其他人如何说、如何做。哪些干预是有用的，哪些是没有用的？人们是如何让自己的提案获得通过的？哪类论点对公司管理层造成了影响？如果你是经理，你可能要问问自己是否从你的员工那里获得了丰富的意见。

# 第 14 章
# 如何投诉

我们都遇到过需要投诉的时候。产品在商店里的时候看起来棒极了，但买回家后却没法用。第一次见面的时候看起来非常可靠的电工拿了钱后却未能完成工作。在到达目的地后，我们发现根据宣传手册购买的节日旅游根本不是我们想要的。在所有这些情况下，如果想要拿回我们的钱，那么一场争论似乎是不可避免的（但是，说实话，有时候我感觉我们根本做不到，而不得不记住这些教训，吃一堑长一智）。但是，如果我们的确选择了争论，即使我们有理，也很难讲清楚我们的观点。本章将向你讲解如何轻松地对劣质产品或糟糕的服务进行投诉。

**错误的做法**

乔纳森：“喂，是 Clogs 公司吗？我昨天买了一双贵公司的鞋，刚拿回家就开裂了。我很生气。这样的服务太可怕了。实际上，我从来没有见到过如此劣质的产品。”

蒂　娜：“早上好先生，可以告诉我您是怎样……”

乔纳森：“你的意思是我把鞋弄坏了？我就是正常穿。是你的鞋有问题，不是我！”

蒂　娜：“我需要知道您的鞋是什么时候买的。”

乔纳森：“是的，我受够了。如果我需要填写一份啰嗦的问卷才能拿回我的钱，我不会填的。我要跟经理讲话。马上！”

蒂　娜：“恐怕现在经理很忙，但是……”

乔纳森：“你撒谎！你知道他不忙，我也知道他不忙。你就不能把我当成一个有智慧的人对待吗？”

蒂　娜：“先生，我是想帮您……”

乔纳森：“是，没错。”

（乔纳森砰地一声挂断了电话。）

显然，乔纳森的投诉没有得到任何结果。在这类情况下，应用我们的金律是非常重要的。

## 14.1　可能的情况下要避免争论

回忆一下金律二。面对众多消费者问题，最好的办法就是回避。从声誉良好的商店里购买知名品牌的产品应该可以降低买到劣质产品的机会。有很多的网站和出版物，它们可以向消费者提供关于某些产品可靠性的意见。

至于雇用工人完成某些任务，最好的办法是通过个人推荐。如果一名水管工以公平的价格非常完美、可靠地为你的朋友修好了水管，那么他们很可能也会以同样的质量为你修好水管。即便如此，你在付钱时也要小心，特别是在工作量较大的时候。下面是一些重要的提示：

- 一定要签订一个合同。事先对要完成哪些工作、何时付款达成一致。

- 在工作完成之前，不要支付最后一笔款项。如果建筑商不同意这种安排，那么你就要保持警惕。留下足够多的钱，以便能够让别人来完成这一工作。
- 避免预先支付大笔款项。但是，预先支付某些材料的费用是合理的。
- 对于较大的项目，如扩建，需要提出一笔钱用于支付“扫尾”工作的费用。如果建筑物在完工之后的某一时期内（比如说6个月）出现了问题，那么费用将从这一基金中支出。这会激励建筑商一次就把一切都做好，并保证他们毫无异议地解决出现的所有问题。
- 要保证所有的建筑工人、管道工、电工等都来自专业性组织。

## 14.2 为投诉做准备

尽管你付出了很大的努力，但如果事情还是出了问题，而你需要投诉，那就要记住金律一：不打无准备之仗。

- 在你的头脑中要非常清楚你准备投诉哪方面的问题。投诉一家旅馆“很可怕”没有任何用处。你的投诉需要更明确一些。
- 确保你知道某一产品存在的所有问题。收集到所有相关的信息。你需要知道何时、在哪里购买的产品以及购买的细节。
- 预先想一想你希望获得的赔偿金。全额退款能够弥补你的所有损失吗？那一故障是不是给你造成了其他支出？

## 14.3 投诉时要有礼貌

如果你买到了次品或者得到了不充分的服务，那么感到生气是很自然的。但如果你很有礼貌，那么你的论点就会更有效。要记住，同你谈话的人本身并没有犯错误，他们只是公司的代表。还记得前面提到的乔纳森的例子吗？他发泄了自己的怒火，但一分钱退款也没有得到。

- 称呼对方的名字是有礼貌的表现，并能保证得到针对你个人的服务。因此，如果你正在通过电话与一家公司或者与一名公司代表联系，那就设法了解到对方的名字，并用名字来称呼对方。这样做有助于建立亲密的关系，说明你是一个遇到实际问题的人，而不仅仅是一名“发牢骚的顾客”。
- 在你开始投诉的时候，一定要提及公司的名称。如果你正在与一名银行的代表谈话，那就说“我感觉××银行应该赔偿这一费用”，这种说法比“我觉得你应该赔偿这笔费用”更有效。尽管你与对方的公司存在争议，但你仍然希望与对方保持良好的关系。
- 保持积极的态度。“过去，你的公司曾经提供过卓越的服务。我真的对你们的产品很满意，但这些都不能成为送货不及时的借口。难道你不认为推迟送货不符合你们的服务标准吗？”

## 14.4 要讲道理

要给人留下讲道理的印象。不合理的要求不大可能得到满足。由于吃了在当地一家超市里购买的大虾而肚子不舒服就索要 3000 英镑的赔偿只会让你看起来很愚蠢。

**有用的范例**

“当然，我没有指望能够得到全额退款，因为产品的质量很好。但是，由于送货较晚，我损失了一些钱。”

“今天在我收到货品的时候，里面有一些牛油果还没有成熟。我买这些水果是为今天的晚宴做准备，这让我有些措手不及。请把购买牛油果的钱退还给我。”

寻找一种对双方来说都现实、合理的结果。如果你正在同一名管道工进行争论，那么别以为他会把全天 24 小时都花费在你的工作上。如果你向他表明你知道他还有其他客户，那么你就更有可能赢得他的支持。

## 14.5 说明赔偿你对公司有利

如果你能够向企业证明赔偿你将对他们有利，那么你对产品或服务的投诉就会更容易一些。

**有用的范例**

“你看，我一直在向我的朋友们讲你们的公司很优秀。这肯定为你们带来了不少生意，但是，如果你们不能够承认这一错误，以后我就不能再为你们公司说好话了。”

“在我的下一份订单中减去 10 英镑如何？否则下次我就会去找另一家零售商。”

对上述范例中的第二个要小心一些。即使得到了 10 英镑的折扣，但从下一份订单中扣除 10 英镑可能并不是一笔合算的交易。只有在确定以后会继续使用这种产品，并且这一数额比直接退款更多时，你才应该接受“在下一次购买中提供优惠”这一条件。

根据谈话的结果提出建议比你单方面提出要求可能会使赔偿要求更具吸引力。

**有用的范例**

“我不知道我们能不能对下面的事项达成一致：很不幸，那一商品不令人满意，因此史密斯公司应该退款。60 英镑听起来合理吗？”

下面这个问题非常好：“你不想赔偿我的原因是什么？”这种方法基于律师们所谓的“举证责任”（回忆一下，我们曾经在金律三中讨论过这一问题）。你不需要解释为什么你应该获得赔偿，而是要求公司解释他们为什么不应该赔偿你。

向公司提出下面的问题也是有帮助的：

> “我只是想证实一下我理解了我们面临的问题：你是否同意商品发货被推迟了？你是否同意我因此损失了60英镑的生意，并遇到了很多麻烦？”

你希望通过对这些问题的回答使法官清楚地了解你的要求。

别忘了，你必须设法理解对方的立场。关键问题是要搞清楚你的要求能否在法律上站住脚，或者你的要求没有恶意。如果是后者，那么你就要向公司证明为什么对你进行赔偿具有经济意义：

> “我使用贵公司的信用卡已经三年了。我认为你们对我的信用卡收费是不合理的。如果你们不退还那些费用，我就会换一家信用卡公司。”

利用“什么”来提出问题也会有所帮助。因此，不要问“为什么”一家公司决定做某事，而是要问“你们制定这一决策的原因是什么”。不要问“你们为什么不能发货”，而是要问“在什么条件下你们可以发货”。

## 14.6 向谁投诉？

有时候很难确定向谁投诉：向商场？向制造商？向某些专业组织？你需要考虑两个重要因素：

- 对你来说，向谁投诉最方便？

- 向谁投诉最有可能产生一个令人满意的结果?

有时候，商场会告诉顾客去联系生产厂家，以此来转移人们的投诉。你不需要这样做。毕竟，你向商场付了钱，从法律上讲，你就与商场而不是生产商签订了契约。如果有必要，商场会同生产厂商联系。但是，如果在购买一段时间后产品出了问题，或者你想进行维修而不是退货，那么生产厂家就有可能帮你解决问题。

通常，一个关键问题是：产品在你购买的时候就有问题，还是由于你使用不当导致产品出现问题。你提出投诉的速度越快，商场就越难以认为问题是由你的错误或产品“磨损”造成的。因此，如果产品或服务出了问题，要尽快与提供商取得联系。如果是对你下榻的酒店感到不满，则最好是当场提出投诉。

## 14.7 基本的法定权利

本书无法列出所有与不满意销售相关的所有法律，市面上这类图书很多。下面是一些主要原则：

- 购买的所有产品都必须满足三个要求：它们必须与产品介绍相同、适用于某种用途，并且具有令人满意的质量。
- 令人满意的质量意味着一个人对于价格和产品描述感到满意。这里所说的价格很重要。如果你购买了一件便宜的商品，那就不要指望其质量与价格昂贵的产品质量相同。

- 如果产品没有满足上述三个要求，那么销售商应该负责任。购买者有权在“一个合理的时期内”要回他们的钱。请注意，你有权要回你的钱：你没有必要接受换货，除非你愿意。
- 一般来说，购买者必须证明商品有缺陷。
- 如果你购买的是服务，那么服务提供者必须具备合理的小心和技能（with reasonable care and skill）。如果他们没有按照这种要求完成工作时，那就必须免费返工。如果对方无法胜任，那么你可以请其他人来完成这一工作，并声明费用由最初的服务提供商支付。
- 如果你利用信用卡支付了产品或服务的费用，而且与产品或服务的提供商打交道非常困难，那么你可能有权从信用卡公司那里获得退款。

## 14.8 保留记录

如果你正在准备进行投诉，那就需要保留尽可能多的证据。保留信件和所有回复的副本。对每一次对话进行记录。将劣质产品或质量低劣的工作对你的财产造成的影响拍摄下来。

## 14.9 与企业高层联系

如果你投诉的问题十分严重，但没有及时得到回复，那就应该同企业的高层进行联系。给客户服务的主管写一封信，并抄送给首席执行官。这些人的联系方式应该可以很容易地在公司网站上找到。如果在 14 天内你没有得到适当的回复，那就再给首席执行官发一封信。

## 14.10 获得帮助

如果你觉得自己需要帮助，那么可以去找当地的公民咨询局（Citizens' Advice Bureau）或交易标准办公室（Trading Standards Officer）。如果涉及的金额较大，那就可能需要聘用律师。很多报纸中都会设立一些版面以吸引读者的关注，这或许也是一种你可以利用的手段。有些电视节目致力于曝光劣质的工艺或有缺陷的产品。如果这一问题也会影响到其他人，或者这些劣质的产品或服务已经对你造成了巨大的伤害，那么你甚至可以联系国会议员。

投诉的另一条途径是专业组织。如果这些机构中的某个人对你非常粗暴，那么这样做就是恰当的。例如，律师要对律师协会负责。

**正确的做法**

乔纳森："你好，是 Clogs 公司吗？"

蒂　娜："早上好，先生。我叫蒂娜。我能为您效劳吗？"

乔纳森："是的，蒂娜。昨天我在 Clogs 公司买了一双鞋，下午第一次穿。让人无法相信的是，第一次出门时鞋底就掉了。我只是带着我的女儿到公园里散步。"

蒂　娜："很抱歉出这种问题。您有收据吗？"

乔纳森："有，还有照片。"

蒂　娜："如果您能把它们带来，我们可以为您修一下。"

乔纳森："蒂娜，实际上我更愿意得到退款。我不知道经过修理的鞋是不是和新鞋一样好。另外，我经常对我的朋友们说你们公司的好话。"

蒂　娜："先生，您似乎有权获得退款。在您来商店的时候，如果您能和我联系，我会亲自处理这件事，看看我们能不能为您提供一份优惠券，并把钱退给您。"

乔纳森："听起来好极了。"

## 14.11　小结

在对产品和服务进行投诉时，要有礼貌，并且要坚定。要搞清楚出了什么问题，以及如何纠正这一问题。你的要求要合理。在面对公司时，要努力同和你打交道的人保持良好的关系。如果有必要的话，就同公司高层联系。不要忘了，如果你对自己得到的回复不满意，还有其他一些机构可以帮助你。

## 14.12　实战练习

如果你对一家公司不满，那就同遇到同样情况的熟人进行交谈，看看能不能得到一些有用的技巧。要确保你对投诉的所有细节都进行了准确的记录。要保持冷静和理性。

# 第 15 章

# 如何从专家那里得到你想要的

当面对专家（如学校的校长、银行家或医生）的时候，有可能发生最困难的争论。你肯定会感觉他们拥有你不具备的专业知识，这会使你处于劣势。但是，如果他们制定了一个你认为不正确的决策，那么坚持自己的立场就非常重要。与专业人员争论需要一些特殊的技巧。

**错误的做法**

医生："我不知道你为什么又来这里。上个星期我已经告诉你了，你的身体很健康，什么问题也没有。"

山姆："是的，大夫，但我仍然感觉不舒服。"

医生："上个星期我已经对你进行了彻底检查，什么问题也没有。"

山姆："但我感觉不舒服。"

医生："恐怕我也没什么办法。"

山姆："我比上个星期更难受了。"

医生："山姆，有很多病人等着我去治疗。"

山姆："好吧，那我最好还是走吧。"

在与专家进行争论时，有一些恰当的方法。下面是一些关键原则。

## 15.1 尊重专家

大多数专家都是名副其实的，但并非都是。然而，如果不尊重对方，那么你将什么也得不到。许多专家都拥有权利并具有丰富的经验。可以利用他们来对付“难缠的顾客”。惹恼他们、浪费他们的时间、不认可他们的专长对你来说没有任何好处。没有人喜欢别人反对自己，而专家们特别容易遭到攻击。

除非他们告诉你如何称呼他们，否则就以“X 女士”、“Y 先生”或“Z 大夫”来称呼他们。永远都不要以为你比他们知道得多。对于所有的约会，都要准时到达。所有这些小事情都会让他们更愿意倾听你的意见。

## 15.2 有所准备

回想一下金律一。有些人害怕去见医生、律师或其他专家。因此，事先考虑一下你想要说些什么就特别重要。提前把你想要说的话写下来可能更好一些。人们在看完病并离开之后，常常发现他们没有时间讨论他们真正关心的问题。如果你感到非常害怕，那么把你要提出的主要问题写在一张小纸条上并交给医生会更有帮助。实际上，他们会发现那样做能够最有效地利用其时间。

在去看病的时候，如果你知道有其他方法可以治你的病，那就把你的信息来源（如网站）告诉大夫。在与任何专家打交道的时候，如果能够通过引用报纸上的文章或其他来自专业资料中的信息来证实你所说的话，那么你的论点就会更有分量。

同样，如果你正在去一家银行申请贷款，也要有所准备。要确保你知道自己的关键财务细节。向他们证明，作为一名谨慎的银行客户，你已经认真思考了一些问题。

## 15.3 保持简洁、明确

通常，专业人士只想知道你的故事的要点，而不是整个故事。他们主要对重要的事实感兴趣，因此事先要想一想他们需要了解哪些情况。如果你打算告诉医生你摔了一跤，那就没有必要说明你是如何到达摔跤地点的！告诉他们你认为重要的事实。他们会问你一些他们真正想知道的事情。

与其你一个人讲 10 分钟（其中很可能有大量无关的信息），不如用 1 分钟的时间告诉他们关键事实，用 9 分钟的时间回答他们的问题，这样做能够更有效地利用你们双方的时间。设法以一种合乎逻辑的方式展现你的信息。如果你正在指导一名建筑师，那么与你讲 50 分钟、用 10 分钟回答问题相比，用 10 分钟描述自己的想法，并用 50 分钟来回答其问题，会使时间得到更有效的利用。

## 15.4 别忘了，你们都是专家

某人在某一领域是专家，并不意味着他在所有领域中都是专家。对于你的生活中发生的那些事情来说，你是专家。令人惊讶的是，有些人似乎认为，由于在某一领域中知识渊博，他们就可以在任何事情上自命不凡。因此，仅仅由于医生或律师熟悉医药或法律问题并不意味着他们了解你的一切。实际上，要记住：

**你是关于你自己的专家！**

在与医生谈话时，医生了解药品，但不知道你的感受。你的医生可能是一名牛皮癣专家，但对于牛皮癣对你的影响来说，你是专家。

值得庆幸的是，许多医生认识到了这一点。过去那种由医生告诉你得了什么病、需要如何做的时代已经一去不复返了。现在，医生们通常会告诉你有哪些可用的治疗方法，并同你讨论哪种方法最好。有时候这会让人感到不知所措，但这种做法通常最有效。但愿你别遇到下面例子中的这类医生（这是真实的对话）：

**错误的做法**

医生：（正在阅读病历）“你有一个男孩和一个女孩。”

病人：“不对，两个女孩。”

医生：“真的吗？上面写着……（检查了一下病历）噢，不，你说的很对，是两个女孩。”

同样，在你面对孩子的校长时，也要记住：你最了解你的孩子。他们是教育专家，但你对孩子的了解最全面，在遇到某些问题的时候，你可以成为他们的支持者。

## 15.5 大多数专家按标准方式处理问题

大多数专家在处理某些特定问题时有一些标准的方法。在某些特定的情况下，他们会遵循一般性的指导原则。这些原则是经过充分证明行之有效的治疗方法或行为准则。一般来说，它们都非常有效。但是，如果你感觉他们的建议不适合你，那么你就要解释一下为什么你的情况不属于标准情况。要承认他们给出的建议对大多数人来说都非常好，但要解释一下为什么你认为自己的情况有所不同。

不要忘了，你是关于自己的专家。要同你见面的心脏病医生或法律顾问根据他们看到的事实将你当成一般的“31 岁女性”（或其他类型的人）看待。他们并不了解你的实际情况。除非你告诉他们，否则他们就无法知道你的情况有些特殊。你需要解释一下你为什么不同于别人。

## 15.6 不要害怕提问题

如果你对得到的答案不满意，不要害怕提出问题，但要有礼貌！

**有用的范例**

“你还能告诉我其他一些选择吗?”

“我不得不承认你提出的这些建议都没有吸引力，还有其他选择吗?”

“你能不能向我解释一下为什么你认为那种选择比……更好?”

从医学角度上讲，别忘了你有权拒绝治疗。身体是你自己的，你永远都有权利说“不”。如果你对自己面临的选择感到不满意，你总是可以告诉医生自己需要时间考虑一下。一名优秀的医生会尊重你的决定。

由于病人或客户没有告知全部相关事实而导致医生做出错误诊断、律师给出错误建议的情况十分普遍。如果你关注某些问题，或者认为某些问题非常重要，那就毫无保留地讲出来！不要感到尴尬。大多数医生和律师都听到过各种稀奇古怪的事情。与其为了不感到难堪而得到错误的建议，不如让自己难堪一下但得到最好的建议。

对于医生或律师来说，确定你已经搞清楚他们给你提供的建议是非常重要的。病人错误地理解医生要求他们如何吃药是很危险的。如果你不太理解专家们说的话，就请他们再解释一次。更好的做法是请他们把这些信息写下来。

如果你在回家后想起某件可能非常重要的事情没有说，那就再和那位专家联系。大多数医生和律师都可以通过电话联系到，因此没有必要预约一次见面。最糟糕的结果是浪费他们的一些时间，但同他们联系一下可能会让你避免制定可怕的决策。

在解释这一问题时，我主要采用了医生和律师的例子，但毫无疑问，这一原则适用于你要面对的所有专家。提出问题。不要担心看起来很愚蠢。即使你认为那个问题很明显，但如果它让你感到困惑，就提出来！在这类关系中，你是付钱的客户，因此你有权利花些时间，直到满意为止。

## 15.7 核实专家的意见

即使你已经提出了问题，但如果仍然感到不满意，那么要求他们提供更多的信息是没有错的。任何优秀的专家都知道，坏消息很难让人接受，而从不同的来源听到同样的信息则会有所帮助。

**有用的范例**

“谢谢你对此进行了透彻的解释。但还有很多问题要考虑。有没有哪些文章进一步解释了这一问题？有没有好的网站？”

“你告诉我的那个消息令我很沮丧。我想跟其他人讨论一下那个问题对我来说会有所帮助。你可以推荐一个人吗？”

你可以尽情地将专家的话与你从因特网上得到的信息进行核对，或者向朋友或其他专家咨询。如果你的抵押贷款顾问向你提出了一个让人吃惊的建议，那就请他再提出一个建议。到抵押贷款和银行的网站上去核实一下。

另一方面，如果因特网上的某篇文章或者你的朋友的医生给出的建议不同于你的医生向你提出的建议，那么不要假设你的医生错了。由于某种原因，你的朋友的情况可能与你的情况不同。如果你感到不放心，那就勇敢地去找你的医生，并有礼貌地请他解释一下为什么。

## 15.8 难以对付的专家

到目前为止，我都假设你的医生、律师或其他专家都是讲道理的人。但情况并非总是这样。有些专家非常傲慢、自负。特别是在你已经感到身体不适的情况下，对付这样的人可能会非常困难。

要记住，大多数处于职业巅峰的专家不会这样做。实际上，试图给人留下高傲印象的人可能缺乏自信。在这种情况下，最好的做法是另选一位专家。如果找不到其他专家，那就请遵循下面的建议。

首先，不要由于一个人缺乏某些技能就假设他不胜任其工作。其次，不要受到无礼的影响。你的医生或律师对你本人感到反感的可能性很小。他们对待其他人的方式很可能都是那样的。这不是借口，但有助于你接受这样一个事实：你正在面对的人是很难对付的。再次，你自己不要变得咄咄逼人或傲慢自大，以一种简单、平静的方式来解释你的情况。最后，不要忘了，你总是可以要求去见另一位专家。如果这意味着你没有得到所需的服务，那就没有理由忍受那种无礼。

如果你无法摆脱某一个专家，你就需要采取最佳争论策略。回忆一下金律三：重要的不仅是你说什么，如何说同样很重要。与在护理中心照顾你年老亲戚的护工进行争论时要特别小心。要保证冷静，要讲道理，在必要的时候可以奉承一下，否则就“操纵”（handle）专家以得到你希望得到的东西。

## 15.9 进一步抱怨

几乎所有的专家都属于某个专业组织。如果你真的感到不满意，那就向那些组织抱怨。这样做你至少可以得到某种解释。但是，只有当某些专家的表现明显低于预期水准时，专业团体才可能采取行动来处理那些专家。

**正确的做法**

医生："我不知道你为什么又来这里。上个星期我已经告诉你了，你的身体很健康，什么问题也没有。"

山姆："非常感谢你再次为我治疗。从上个星期到现在，我这里和这里疼得很厉害。"

医生："上个星期我已经对你进行了彻底检查，什么问题也没有。"

山姆："我知道，但这些疼痛是新出现的，我真的很担心。如果你能再检查一下，会让我更放心一些。"

医生："好吧，那我就检查一下。"

## 15.10 小结

面对专家，要保持礼貌和尊重。要记住，尽管他们具有专业知识，但你对自己更了解。如果你感觉他们给出的建议不合适，那么你就需要解释一下为什么你的情况与众不同。提出问题。通过其他资源来核实专家提出的建议。要记住，最终你必须决定是否接受那个建议。选择需要由你做出。

## 15.11 实战练习

学会熟练利用互联网来核实与你面临问题相关的信息。学会向专家提出问题。确保你理解了他们的建议，而且你已经谨慎地回答了他们的问题。

# 第 16 章
# 知道理亏时如何进行争论

老天！我们那些以前看起来很有说服力的论点正在崩溃。我们曾经确信无疑的事实现在看起来是错误的。我们曾经非常清晰的论点逻辑现在出现了瑕疵。显然，你输掉了这场争论。这种情况我们都曾经遇到过。应该怎么办？

**错误的做法**

玛　　丽：“因此，阿尔弗雷德的论点恐怕是基于看起来很值得怀疑的数据，他忽视了我提出的另一种可能性。”

阿尔弗雷德：“玛丽完全歪曲了我的论据和观点。我们不应该听她的。”

玛　　丽：“阿尔弗雷德，如果你愿意的话，我们可以重新检查一下那些数据。”

阿尔弗雷德：“我想我们早就感到厌烦了。”

玛　　丽：“我们是不是应该接受我的提案？我可以再重复一下我的提案，你的提案存在着很大的漏洞。”

阿尔弗雷德：“不可能。我的提案非常好。”

玛　　丽：“如果我们采纳了你的提案，公司就会遭受可怕的损失。你的数据错了。或许你无法胜任你的工作。”

如果你认识到你一直在争论的问题错了，那就必须诚实。在事实明确表明你输了的时候继续像阿尔弗雷德一样进行争论，只会让你感到难堪。这会给人们留下一个不好的印象。它意味着任何产生于恶意争论（bad argument）的负面结果都会进一步加剧，而你很可能会受到指责。

当你认识到自己已经输掉一场争论时，要记住下面的这些要点。

## 16.1 停止争论

这是很有必要的。如果你认识到你已经输掉了争论，继续争论只会让你看起来很愚蠢。你会丧失别人的尊重，而且什么也得不到。但是，一定要搞清楚自己是否真的失败了。很有可能出现的情况是：你在争论的某一个特定问题上失败了。这并不意味着你输掉了整个争论。正如在网球比赛中一样，大度地放弃某些分数并不会输掉整场比赛。你只需要更努力地赢得其他分数。

## 16.2 承认失败

在认识到输掉争论之后，关键问题是你是否应该承认自己失败了，还是仅仅换一个话题。这取决于一系列问题：

- 这个问题是否需要解决？如果必须制定一个决策，那么你别无选择，只能同意对方的提案。你可以通过一种不丢面子的方式做到这一点。不必承认你错了，只是认可对方的提案有自己的价值。

- 对方对一个问题的态度非常强硬，还是在进行一场友好的争论？如果只是一场友好的争论，那么你就可以心平气和地认输。如果对方的态度非常强硬，那么最好集中讨论他的提案，而不再进一步讨论你的提案。
- 承认自己错了是否会赢得别人的尊重？说起来有些奇怪，有时候人们会更加尊重那些坦率地承认自己出现错误的人，而不太尊重那些试图为错误狡辩的人。诚实永远都不能被低估。

**有用的表达方式**

"是的，你驳倒了我的第一个论据。我不会再依赖它。但请记住，我有三个论据支持我的观点，我认为其他两个站得住脚。"

## 16.3 结束争论的方式

回忆一下金律十。如果你输了，要输得体面一些。当然，你可以体面地承认失败，然后继续忙你自己的事。

**有用的范例**

"你所说的真的很有帮助。我想你是对的。"

"现在我对情况有了不同的理解。让我们按你说的做吧。"

"我想是我错了。你的解释方式很有道理。"

"你的提案非常棒。我们就采用它吧。"

但是，有时候你可能决定在不承认失败的情况下结束一场争论。最简单的办法就是换一个话题。

**有用的范例**

“不错，这个问题很有意思，但恐怕我得走了。”

“我们不要再浪费时间讨论这一问题了，我想问问你关于……”

“我们可以换个时间来讨论这一问题，但现在我必须动身去……”

这些话对于结束一次争论非常有效。如果对方坚持要求你在离开之前做出某些让步，那么你可以做出一些不置可否的评论。

**有用的范例**

“你给我提出了一个值得思考的问题。”

“我要回去认真思考一下这个问题。”

## 16.4 道歉

有时候，在争论结束后你需要道歉，但也并非总是需要这样做：优雅、有尊严地输掉争论后，事情就结束了。但是，有时候你可能会做一些应该道歉的事。事后你可能认识到你的行为非常恶劣。在争论中，你可能说了一些不该说的话，现在想起来非常后悔。

**道歉是极其重要的。**

你还记得有人向你道歉吗？在不同情况下，道歉的方式将有所不同，但认真想一想别人向你道歉时你有什么感受非常有助于你自己学习如何道歉。

对于一个微不足道的错误过分道歉肯定会适得其反。在无关紧要的情况下，你只要说句“对不起”就足够了。在给出下面的例子时，我假定发生了一些更加严重的事情，因而需要正式道歉。下面是一些要点：

- 如果有时间，就应该认真思考一下如何为道歉措辞。
- 想一想你应该就哪些方面道歉。
- 道歉时应该承认对方受到的伤害。你需要让对方知道你已经理解了由此造成的痛苦。如果你不知道伤害的程度，那就问问对方。
- 承担责任。真正的道歉要求你承认是你造成了对方的痛苦。这就是为什么某些政治家进行的软弱无力的道歉被人们看成是“虚伪的道歉”。

“如果我说的话冒犯了你，请接受我的道歉。”

“听说有人因为我的评论而感到不安，我很难过。”

这些道歉都是不恰当的，因为它们没有承担起造成别人痛苦的责任。实际上，这些说法可以被解读为：对方由于犯了错误才遭到冒犯的。

- 如果可以的话，提供一个解释。或许你感到非常紧张或疲惫。要澄清一下，这并不是说你要推卸伤害他们的责任，但在正常情况下你是不会那样做的。也可能是由于你表达得不够清楚，导致别人误解了你的意思。解释一下你的话是什么意思，并就没有表达清楚而道歉。

- 设法引起对方的共鸣。

**有用的范例**

“很抱歉对你说了那些话，如果别人对我那样说，我也会非常生气。真的很抱歉。”

“我想你一定认为我是一个非常讨厌的人。我没有表达清楚我的意思，因为我有点儿累了。对于那些话，我真的感到很抱歉。”

你可能感觉对方的反应有些过度，但承认他们受到了伤害仍然是有意义的。

- 如果可能的话，想出一种务实的方式来进行道歉。买一件礼物、安排一次聚会、带他们出去吃顿饭，或者对他们宽容一些，都可以补偿你的过错。

要记住，在使用这些小技巧时，你的目标是道歉。重要的是表达出你愿意承担责任，而且不会再那样做。在理想情况下，你希望你的道歉会令对方原谅你，并且不会再对你心怀怨恨。重要的不是说“对不起”，而是发生什么结果。别忘了，你当然不愿意向别人道歉。人们都不喜欢这样做。这是自尊心使然。但是，不论是在商业领域中，还是在私人领域，道歉都是修复关系的一种非常有效的工具。有多少人因为没有说几句道歉的话而使他们与别人的关系破裂？

**正确的做法**

玛　　丽：“因此，阿尔弗雷德的论点恐怕是基于看起来很值得怀疑的数据，他忽视了我提出的另一种可能性。”

阿尔弗雷德：“玛丽，你说的没错。感谢你指出我的数据中值得怀疑的地方。这些数据是会计部门提供的，我假设它们是正确的。但是，今天我知道了认真核实这些数字有多么重要。”

玛　　丽：“谢谢你，阿尔弗雷德。”

阿尔弗雷德：“那么，我支持玛丽的提案——即便如此，我仍然希望能够从我的提案中抽出一种想法补充进去。”

玛　　丽：“听起来很有意思，请解释一下。”

## 16.5 小结

如果你认识到自己错了，那就要认真思考一下是你的整个论点错了，还是某一部分错了。如果你的整个论点都错了，那就停止争论。如果有必要，就向对方道歉并离开。记住金律十：关系是最重要的。应该以一种能够促进关系进一步发展的方式结束争论。

## 16.6 实战练习

要记住，有时候某些人明显错了，但还继续争论，你会怎样看他们？学会合理地道歉。要找出哪些因素使道歉有效。从金律十中寻找这一问题的答案。

# 第 17 章
# 无休止地争论

你是不是发现自己在不停地争论？争论可能是针对某个特定的人，每次遇到他都会发生争论；也可能是某位同事，他似乎反对你说的每一句话；或者是你的生活中的某一件事，每当这件事发生的时候，你就会失去理智。也许你发现你与你的伴侣不停地进行争论，而生活就像是一场持续不断的喊叫比赛。或许你发现自己也是下面这类父母中的一员：他们花在朝孩子喊叫上的时间多于同他们真正谈话的时间。该怎么办？

**错误的做法**

迈克尔：“我曾经多少次要求你去洗衣服？”

汤　姆：“我一直很忙。”

迈克尔：“或许你今天很忙，但昨天和前天呢？每次你都会找到一个新借口。”

汤　姆：“很抱歉。”

迈克尔：“道歉当然好，但你应该做些什么。”

汤　姆：“好吧。”

这一争论的糟糕之处在于：人们觉得，在几天之后，他们二人之间还会爆发相同的争论。

如果你发现自己处于不断争论的循环之中，那就要记住下面这些提示。

## 17.1 回避

如果你知道某些事、某些人或某些情况总是会激怒你，那就走开！我知道你无法回避某些情况，但是，大多数人都会面临一些最好避开的问题，因为这些问题会让他生气。热情地参与对某一重要问题的争论是一件好事，但如果你发现自己一直在为这件事争论就不好了。你的个人健康和人际关系都会受到持续争论的影响。

**只有在能够改变某件事或影响某个人的情况下才进行争论。**

## 17.2 决心

能够回避当然很好，但如果你与同事、朋友或伴侣就某事进行过争论，并且仍然没有解决方法，你该怎么办？反复争论的一个常见原因就是当前的主要问题从来就没有得到解决。这可能看起来很明显，但是，在争论中，核心的分歧点常常被相互诬蔑和争吵所淹没。有时候，人们争论某一问题，双方的意见严重相左，但是问题永远也得不到解决。如果出现这种情况，双方都会认为对方没有理解自己的观点，并继续相互心怀不满。每当他们遇到这一无法解决的问题时，他们都会怒火中烧，这就破坏了双方的关系。

例如，如果你感觉某人对你撒了谎，而且你们两人也就这件事进行了争论，那么每次遇到对方，你的头脑中都会闪现出不信任对方的念头。在这种情况下，看起来每次你们都在进行不同的争论，但实际上，这些争论都是由那次没有得到解决的争论引发的。

因此，在反复的争论中，解决问题是关键。首先要认识到最初的问题是什么，然后坐在一起进行一次理智的讨论，在讨论过程中，你们应该相互倾听对方的观点并找出共同点。金律九中给出的关于打破僵局的要点将会派上用场。

## 17.3　求同存异

求同存异可能是装出来的，目的只是为了避免解决某一问题，因此要特别小心。但是，它也可能成为结束一场无休止争论的有效工具。如果你们能够搞清楚为什么不同意对方的观点，那么它就可以发挥最大的作用。

**有用的范例**

“我们对是否应该提高失业福利存在分歧的原因，是因为你认为失业者是需要帮助的弱势群体，而我认为他们是懒惰的乞丐。”

“我们分歧的核心是：我认为，通过少量的维修，我们的汽车还能再开一年，而你认为我们应该尽快彻底淘汰那辆车。”

如果你们能够将分歧的根源找出来，并达成一致，你们就能够取得进展。然后，只要双方都可以忍受，你们就可以选择求同存异，将争议搁置起来。争论已经进行了足够长的时间，双方都倾听了对方的观点，尽管双方都强烈坚持自己的观点，但他们同意各自保留不同意见。这样，他们就可以挽救双方的关系并继续前进。

## 17.4 幽默

有时候，幽默是解决争端的最佳方式。例如，你与你的伴侣一直就如何折叠浴巾争论不休，此时，你可以指出你自己有多么愚蠢，你们都很爱对方，却因为这些小事吵个不停。做一些滑稽的事（把浴巾包到头上），或者提出一个可笑的解决方法："唯一的办法就是请牧师来教我们如何叠浴巾。"

幽默可以缓解最紧张的局面。幽默在工作中、在足球场上、在孩子们身上甚至对于清洁工都是有效的。"我知道我一直在要求你把蜘蛛网清除掉，因为我不想把客厅布置得跟鬼屋似的。"

如果对方有可能认为你没有认真对待争论，那就不要使用幽默。你需要判断一下是否可以将幽默当成一种工具。但是，如果能够熟练应用，那么幽默会非常有效。

## 17.5 徒劳无益

对于某些话题，我们都会坚持自己的观点，不明白为什么会有人反对我们。我认识一个人，他非常热情地支持利用死者的器官来挽救那些需要器官移植的人的生命。他不明白为什么所有人都不同意他的观点。他时常提起这个话题。有时候，在就某一问题进行过几次讨论后，最好把它搁置起来。

**有用的范例**

“你看，以前我们被这个问题搞得团团转，我们别再管它了。”

“我想我们是在白费力气。我们讨论别的问题吧。”

同时，也要认识到你自己的弱点。你可能想不出什么比在晚上再一次讨论死刑更有意思的事情了，但你的朋友们可能对这一话题毫无兴趣。很少有人喜欢一次又一次地讨论同一个问题。人们会认为你非常乏味，因此换个话题吧。

## 17.6 值得吗？

在讨论金律二（此时此地是否适合进行争论）时，我们部分分析了这一问题。如果你发现自己在不断对同一问题进行争论，那么你可能需要想一想这样做是不是值得。如果别人不停地对你说一些让人感到厌烦或无礼的事情，你值得去关注吗？现在，有些人乐于受到挑衅和煽动而进行争论。千万别成为这样的人，除非你喜欢争论！

在涉及伴侣和孩子的时候，问一问自己不停地争论是否值得是特别重要的。你可能发现自己被配偶或孩子所做的很多事情激怒，但如果你开始争论或抱怨他们，那么最终你会感到筋疲力尽、灰心丧气并损害你们之间的关系。要认真选择你的争论！仅仅因为某件事让你心烦并不意味着值得就此事进行争论。例如，你的伴侣总是把裤子扔到地上，即便你提醒他之后仍然没有改观——这件事值得受到谴责吗？你能得到什么？他是否也需要忍受你的一些习惯？肯定是。因此，尝试着从不同的角度来思考持续不断的争论，看看是否值得继续进行下去。有时候，向父母们提出的如何应对孩子的建议（你的期望不要超过他们的能力范围，要耐心，记住他们不是成年人）对于配偶同样有效！

"请让我平静地接受我无法改变的事情，有勇气去改变我可以改变的事情，并拥有知晓其中差别的智慧。"

——《静思祷告》(*The Serenity Prayer*) 中无名嗜酒者（Alcoholics Anonymous）的祷词

还要记住，不管你认为自己有多么强大，你都无法大幅改变你的伴侣（任何人都可以在长期的夫妻关系中证明这一点）。至少你不应该期望在很大程度上改变对方。大多数人都已经习惯于自己的做事方式。你不大可能把你那位邋遢的女朋友转变成电影明星，或者把不修边幅的丈夫转变成模特。你爱的就是本来的他或她，而不是你心目中的那个偶像。

如果反复爆发的争论让你感到情绪紧张并且出现了健康问题，那就需要在专家的协助下解决。如果只是一件令人气恼的事，不管是针对你爱的人还是一位专家，你都值得接受对方，并想一想是否值得进行争论。争论是一种选择，但最终你需要选择对你最有利并能够维护你与他人关系的做法。

## 17.7 走为上

尽管本章讲述了避免无休止争论的方法，但你可能会发现争论还是不断出现。工作生涯就是一场长期的争论。在那种情况下，你最好走开。工作场所应该成为有意思的地方。如果你持续不断地同建筑商争论——那就换一个建筑商。幼儿园的保育员拒绝倾听你说的话——那就换一家幼儿园。如果你无法化解争论，那就寻找另一种解决办法。但是，在你离开之前，不要假定问题都是对方造成的。我们很容易认为，如果出现大量的争论，那肯定是对方喜欢争吵，而你自己完全理性。然而，正如我们已经看到的，争论常常会掩盖其他问题。在离开之前，认真思考一下后果，这意味着你会失去一位朋友，还是意味着要遭受财务损失？

**三思而后行。**

或许我可以对人际关系发出一些警告。当然，如果出现了暴力或精神虐待，那就离开，否则就去找法律顾问。如果你与某个人建立了关系，那么你很可能有一个不错的理由和他在一起。你投入了大量的时间和精力来培养这种关系，你的认同感（sense of identity）也部分与此相关。你已经向那个人做出了承诺，甚至还可能有了小孩。在困难的时候，离开当然是一种选择，但在离去之前，首先要想尽一切办法来修复关系。

## 17.8 认真想一想为什么不停地争论

如果发现自己不停地争论，那么你很容易认为对方应该对此负责：

“玛丽太烦人了。”

“人们这些天来都很粗鲁。”

“我的配偶太不关心我了。”

但是，吵架不是一个人的事。公正地想一想是哪些因素引发了争论。你是不是经常抱怨？是不是某件事情经常引发争论？你是不是在疲劳的时候经常与别人争论？是不是工作压力让你动不动就和人吵架？如果你能够找到持续引发争论的因素，那么你就可以小心提防它们。你甚至可以把它们当成一个笑话来讲：“亲爱的，现在是周一早晨：这是我们争论的时间。”

## 17.9 不要让争论失控

在一再发生的争论中，人们很容易感到灰心丧气，而争论则会逐步发展成名副其实的争吵。一种常见的现象是：一句你已经听过无数次并且感到有些厌烦的无关紧要的话，可以被别人当成争论的基础。一定要特别注意，争论升级的速度非常快。要快速采取措施让争论停下来。要警惕你或者对方声音的变化，因为声音的变化表明争论有可能即将爆发。此时你应该走开。立即为发脾气道歉（这并不意味着你放弃了自己的观点，而只是承认你在争论中举止有些失控）。

**要记住的事**

- 不要引入过去的争论。关注当前的问题。
- 不要进行人身攻击或讲一些与争论无关的话。
- 谈论你的感受。
- 适当的时候要大度地进行道歉。

## 17.10 夫妻经常争论的五件事

在结束本章关于如何避免无休止争论的讨论之前，我觉得简要地看一看引发夫妻争论的普遍原因是很有意思的。研究人员列出了夫妻经常争论的一些事情。你很可能能够推测出这些事情。其中排在最前面的五件事情是：

- 金钱。
- 支出。
- 家务。
- 在一起的时间。
- 烦人的事情。

如果你发现自己不断地就这些事情中的某件事进行争论，那么最好花些时间，坐下来，并确定这些问题的一般特征。最好避免有计划地对同一件事情无休止地争论。例如，同意你们每周的预算，这样你们就知道对方希望在哪些方面花钱。列出一份家务清单，在你们两个人之间进行公平的分配。一起写日记，并一起记账。讨论一下那些常常困扰你们的存在争议的问题。通过一起解决问题，你们就可以停止一次又一次对同一件事进行争论。

**正确的做法**

迈克尔："我曾经多少次要求你去洗衣服？"

汤　姆："真的很抱歉，我一直很忙。"

迈克尔："或许今天很忙，但昨天和前天呢？每次你都会找到一个新借口。"

汤　姆："好吧，迈克尔，我必须承认你说的很对。我认为我们需要坐下来，并确定我们如何分摊家务活。"

迈克尔："我想这是个好主意。今天晚上你有时间吗？"

汤　姆："有。"

毫无疑问，这种方法在维护你同孩子、亲戚、朋友和同事之间关系时都是有效的。

## 17.11 小结

你不必持续不断地对同一问题进行争论。应该把这个问题解决掉。或许你需要决定忽视某些话题，或者求同存异。或许你需要进行一次坦诚的对话，以便彻底解决一个问题。不论你怎么做，都不要陷入反复对同一问题进行争论的怪圈之中。

## 17.12 实战练习

问问自己为什么要不停地争论。是否应该避免某些诱发争论的因素？问题是你造成的还是对方造成的，或者是你们共同造成的？在回答这个问题时，一定要特别诚实。

# 第 18 章 受气包

你是个受气包吗？你是不是发现你从来没有坚持过自己的观点？你是不是发现自己总是接受自己不想做的事情？你是不是尽最大的努力避免争论，因而所有人都把你当成一名奴仆来对待？如果是这样，那么本章就是为你而写的。是采取行动的时候了。

**错误的做法**

朱："波比，今天晚上我们加班把这个项目做完，你介意吗？"

波比："我要和我的丈夫去逛街，但是，如果这个项目很重要，那么我们可以另找一个晚上加班。"

朱："谢谢，波比。你能不能在有空的时候帮我上网查一查下周到阿尔加夫（Algarve）的便宜机票？"

波比："我想可以。"

朱："谢谢。你知道公司本月已经禁止支付加班费了吗？"

波比："我知道。"

朱："谢谢，波比，你真伟大。"

我知道，本书的许多读者都不是受气包！但信不信由你，有些人确实是。如果你是本书的读者之一，并且感觉自己是受气包，那么你就需要做些什么！在争论中，你面临的一个主要问题是缺乏自信，不能坚持自己的观点。阅读本书是一个很好的起点。

"人不是自己命运的奴隶，而是自己思想的奴隶。"

——富兰克林·罗斯福（Franklin D. Roosevelt）

## 18.1 你真的是受气包吗？

如果你觉得自己是个受气包，那就要认真考虑一下这是不是一个公正的评价。在工作中，许多人认为他们做得比其他人都要多，但看一看具体数字，却发现事实并非如此。很多人低估了他们的同事所做的工作。尽可能诚实地回答下列问题：

- 你在工作上投入的时间是不是比别人多？
- 别人是否认可你的工作？
- 你的工作是否得到别人的赞赏？
- 你是否完成了别人都不想做的工作？

不要假设别人总是占你的便宜。要设法做出公平的评价。上述各个问题也适用于家庭关系，在家里，一方总是觉得比另一方做了更多的事。通常，我们并没有认识到对方做了多少事。在人际关系中，判断工作是否平等的一种良好方法是看一看你们是不是拥有同样多的"空闲时间"。

## 18.2 受气包都是可爱的人

如果你是一个受气包，那么你很可能是一个非常好的人。事实几乎总是证明，你是一个宽容、敏感的人，乐于帮助他人。其实，成为受气包有很多的好处。因此，如果你是一个受气包，不要彻底灰心丧气。但是，当你热心帮助他人，并且不顾及自己或你爱的人时，就会出问题。在开篇处介绍的场景中，波比非常希望能够帮助朱，但她是否应该忽视她的丈夫，或者是失去了一个美好的夜晚？

## 18.3 如果你是一个受气包该怎么办

### 学会说“不”

艾尔顿·约翰（Elton John）说过，“对不起”是最难说出口的话。或许他说得对，但说“不”差不多同样难。我承认，过去我发现说“不”很难。我还记得在多年前当我应邀参加一个我根本就不想去的聚会时，朋友对我说“你可以随时说‘不’”，这让我感到很惊讶。我真的没有想到这也是我的选择之一。看起来，许多人都没有认识到“不”也是一种选择。尝试着说“不”吧：这可能很有意思！

### 学会如何说“不”

如果别人要求你去做一件你不想做的事，那就诚实一些。解释一下你为什么不能满怀热情地说“好吧”。

**有用的范例**

"我不得不承认我已经筋疲力尽了。我必须在下周内完成这项工作，而且还要帮助史蒂夫完成他的报告，这一报告必须在本周内完成。我真的没有时间接受新的工作了。"

有时候，说"不"的最佳方式是向对方提供一个选择。如果你的老板要求你接受一件新任务，那就向她解释一下，你可以接受，但没有时间完成一个新的项目。问问她是否可以请别人完成。这种方法也可以用于家庭中。

**有用的范例**

"亲爱的，我当然可以帮你写那封信，但这意味着我今天没有时间做晚饭了。你能不能去做晚饭？这样我就可以帮你写信了。"

诚实意味着要澄清你不是懒惰，或者试图逃避责任。相反，你要传达出这样的信息：你已经全力以赴了。

问问自己：要求你完成一项工作的人对你是不是尊重。如果他们不尊重你，那么你也没有理由说"好吧"。他们必须认识到，在人际交往中，人与人之间应该是平等的。在工作环境中，他们需要认识到必须尊重同事。如果他们不尊重你，那么你就没有必要帮他们去完成他们的工作。

## 学会离开

任何人都没有理由辱骂你或拿你取笑。这绝对不能接受，你也不应该容忍别人这样做。如果这种情况发生在工作中，那么你就应该向管理层投诉。如果是你的老板在侮辱你，在他这样做的时候你就应该离开。有礼貌地要求他不要这样对你说话。如果没有得到答复，那么你就应该离开。或许你应该进行一些法律咨询，看看是否有权得到赔偿。

## 优先顺序

要记住，成为受气包的问题是你太好了。你想要帮助所有人。但是，你必须对自己诚实，并认识到你无法做到这一点。你不必对说“不”感到内疚。你可能面临着许多工作，都需要你花时间去完成。你不可能让所有人都满意。设法从积极的一面去看待说“不”。例如：“我说了‘不’，这样我才能有足够的时间和我的孩子们在一起。”如果你说“不”造成一项工作无法完成，那是公司的问题，而不是你的问题。

有时候，受气包们会觉得拒绝帮助别人而去做一些自己喜欢的事情太自私了。这非常令人尊敬。但别忘了，如果你感觉受到了压迫、灰心丧气并且筋疲力尽，那么你就不能帮助任何人。每个人都需要有自己的时间用来“充电”，以便能够再次帮助其他人。

在这里，区分其他人的愿望和真正的需求是非常重要的。一个人可能想要你做某件事，但那并不意味着他们一定要完成那件事。由于是一个好人，你很可能想尽自己最大的努力满足他们的要求。但是，不要将这一点与满足他们的愿望相混淆。一个人可能希望吃一顿美餐，但他们需要的只是食物。你的老板可能希望你每天工作 12 个小时，但公司只需要你每天工作 8 小时。

## 回避——有利有弊

人们通常会回避令他们感受到威胁的情况或人。有时候这是合理的，但有时候却并非如此。在生活中，你是不是感觉有些方面在你的控制之中，而有些方面则需要忍气吞声？认真思考一下为什么会出现这种情况。

为什么不在你有能力的时候多做一些事？这会让你给别人留下一个好印象，并且在说“不”的时候感觉更容易一些。在提供额外帮助的时候，你也可以选择那些你喜欢做的事。

最近的一项研究表明，公开同你的老板进行激烈争论对你的心脏有好处。对自己遭受的不公正待遇不进行抱怨的人得心脏病的风险会加倍。这一研究本身有一些问题，但它确定证明了将挫折感隐藏在心里的危险。如果你认为自己在工作中受到了虐待，最好采取一些措施。

## 保护自己

受气包的另一种危险是他们倾向于对粗暴对待他们的人特别宽容。他们希望通过这样做来感化那些人。在人际关系中，一个人尽自己所能让对方感到满意是一种十分消极的做法。具有讽刺意味的是，有时候，受气包对他们越好，他们就越不满意。这使得受气包们更难令对方满意。这是一种十分有害的恶性循环。友谊、伙伴和婚姻都应该以平等、公平为基础。如果你没有受到公平的待遇，那就需要改变。你同样需要考虑自己的观点和愿望，就像考虑别人的观点和愿望一样。

在人际关系或在工作中，当你感到不再有其他选择时，当你感到自己失去说“不”的力量时，你就必须采取行动。

## 18.4 更宽泛的问题

如果你断定自己是个受气包，那就应该想一想为什么会出现这种情况。你是不是竭尽全力去取悦别人？你是不是过于看重别人的意见，而不太考虑自己的观点？你是否愿意被看成是总是帮助人们解决困难的“圣人”？记住，你对自己的看法会反映到别人对待你的方式上。如果你认为自己软弱或一无是处，那么别人也会这样看待你。相反，如果你认为自己坚强、有主见，那么别人将会尊重你而不是“利用”你。同那些让你感觉良好并能够鼓励你的人做朋友。

**正确的做法**

朱：“波比，今天晚上我们加班把这个项目做完，你介意吗？”

波比：“对不起，朱。恐怕不行。但明天一早我第一件事就是完成那个项目。”

朱：“波比，非常感谢，如果你能在今天晚上完成，就帮我们大忙了。”

波比：“谢谢，公司似乎并没有付给我足够的加班费，我这样说希望你不要介意。”

朱：“你说的没错。但是如果你能想办法留下来完成这个项目就太好了。你真的不能留下来吗？”

波比：“朱，恐怕不行。我说过，明天一早我会先完成这个项目。我已经有安排了，不能改变。”

朱：“好吧，也只能这样了。明天见。”

## 18.5 小结

如果你是一个受气包，那也别太沮丧：这表明你是一个好人。但是，在长期中，这对你和你的朋友可能都没有好处。你需要优先帮助那些你可以帮助的人，并确保自己没有被不恰当地利用。你需要开始说“不”。本章对如何说“不”提供了大量建议。

## 18.6 实战练习

当你感到任务过重而无法承受的时候，要坦率地告诉别人。不要认为你必须说“好吧”。要确保拥有自己的时间。这样你才能更好地帮助别人。

# 第 19 章 如何成为完美的赢家

“好吧，你完全正确。现在我知道我错得有多离谱了。”对于某些争论者来说，听到对方这样说会让他们忘乎所以。他们可能认为，争论的目的就是要彻底打败对方，并令对方低声下气地承认他们才华过人。但是，这根本就不现实，也很让人讨厌。我们在金律十中讨论了如何体面但明确地认输。同样重要的是，要知道如何成为完美的赢家。

**错误的做法**

维夫：“如果你看一看所有的证据，你就会明白我是对的。”

汤姆：“好吧，我理解你的意思。”

维夫：“来吧，汤姆，你现在必须承认我是对的。”

汤姆：“嗯，我想是的。”

维夫：“我想听你说：‘你是对的，维夫。’”

汤姆：“维夫，你永远都是对的。”

维夫：“严肃点儿，汤姆，你现在必须明白我是对的。”

汤姆：“噢，好吧，你是对的，维夫。”

回忆一下金律十：一般来说，关系比争论更重要。你可能会赢得一次争论，但输掉整场“战争”。如果与你争论的人感觉受到了羞辱或非常难堪，那么他们就不大可能再想见到你或者再同你做生意。要求对方卑躬屈膝地道歉永远都是不恰当的。

## 19.1 留一条出路

如果你明显赢得了一场争论，那么你最好给对方留一条出路。不要强迫他们承认你的观点：

**有用的范例**

“真的很欣赏这次讨论。我是不是应该把我提到的那篇文章的链接发给你，这样你就可以亲自读一读了。”

“这个问题太难了，睡不着的时候我经常思考它。但是，或许我们能够同意……”

## 19.2 寻求一致

通过谈论你们达成的一致来结束一场争论。实际情况可能是对方已经做出让步，转而同意你的观点，或者开始接受你的条款，但讨论双方达成的一致会将你们紧密联系在一起。如果能够把你们达成的一致看成是双方共同努力的结果，那么他们可能会更有热情。

**有用的范例**

"很高兴我们能够就这一问题达成一致。"

"我们今天制定的这个决策非常有用。感谢你们花时间来讨论。"

## 19.3 让失败者参与

如果在家庭里或在工作中出现了分歧，那么就以一种积极的方式让失败者参与。

**有用的范例**

"露西，我们已经决定去奥尔顿塔（Alton Towers），我知道那不是你的第一选择，但如果在回家的时候我们让你来决定在哪里停车晚饭，你觉得如何?"

"汤姆，我知道这个计划不是你最想要的，但你是否可以承担起监督营销活动的任务?"

## 19.4 向失败者示威对你没有好处

在赢得一场争论后，赢家很有可能对输家示威。但这样做对你没有任何好处。吹嘘你有多聪明、嘲笑对方有多么愚蠢可能会让你当时感觉很好，但很快你就会成为孤家寡人。

"我早就知道我是对的，而你是错的!"

"很高兴我们要按我提议的方式去做，这样好多了。"

## 19.5 一边倒的胜利可能不是最好的

有时候，争论进行得太顺利了。特别是在商业环境中，如果在完全对你有利的情况下结束一场争论可能是不明智的。如果一次交易使对方陷入糟糕的处境，那么他们就不大可能继续同你做生意。或者，在夫妻关系中，如果你同伴侣讨论如何分摊家务，结果是对方承担所有任务，而你什么也不做，那么你会后悔的。争论结束后达成的协议应该对双方都是合理的，双方都应该能够从中获益。

总之，你应该优雅地赢得一场争论。我为你提供了赢得争论的工具，现在是你以一种得体、高尚的方式应用这些工具的时候了。但是要记住，你需要具体考虑不同的争论。参与那些值得的争论，回避另一些争论。要在赢得一场争论与损害人际关系之间找到平衡点。享受健康的争论，但要避免有害的争论。保持幽默感。建设性地使用论点。如果使用得当，它们会成为优秀的工具。

**正确的做法**

维夫："汤姆，这次讨论非常有帮助。你觉得现在你会支持我的提案吗?"

汤姆："嗯，我知道它有很多优点。"

维夫："我同意这个问题并不简单。你们的担心都很有道理，我正在考虑潜在收益与风险。"

汤姆："我认为现在我可以支持你的提案。"

维夫："太好了。实际上，我想知道你是否愿意加入委员会来监督它的实施。"

## 19.6 小结

赢的优雅一些。在胜利时表现得大度一些，并设法与对方的人共同前进。向对方强调争论积极的一面。如果你赢得了一场争论，那么要确保对方不是痛苦地、悲惨地或屈辱地退出这一争论。

## 19.7 实战练习

如果你赢得了一场争论，那就要迅速地鼓励对方，并增强他们的信心。避免对你的胜利进行吹嘘。邀请对方和你一起参与某个项目。

# 第 20 章
# 要点回顾

现在，你已经拥有了赢得争论的所有武器。在结束本书之前，让我们简要回顾一下我们的十大金律。

1. **不打无准备之仗**。确保你知道自己将要提出的基本点。研究一下你需要说服对方的那些事实。
2. **知道何时参与争论、何时离开**。在开始争论之前要认真思考一下：此时此地进行争论合适吗?
3. **知道你要说什么以及如何说**。花些时间考虑一下如何呈现你的论点。身体语言、词语的选择以及讲话的方式都会影响论点的表达。
4. **倾听，再倾听**。认真倾听对方在说什么。观察他们的身体语言，注意倾听其言词背后的含义。
5. **善于对论点做出回应**。认真思考一下对方会倾听哪些论点。他们的偏见是什么？他们认为哪些论点有说服力?
6. **当心狡猾的骗局**。争论并不总是像最开始的时候那样顺利。一定要注意对手使用的统计数据。警惕那些分散注意力的技巧和话题。当心隐藏的问题或虚假选择。

7. **培养在公开场合进行争论的技能**。保持简单明了。一定要简捷，不要着急。
8. **能够进行书面争论**。永远都要选择“清晰”，而不要选择“炫耀”。要简短、敏锐、切中要点，使用简单易懂的语言。
9. **要善于打破僵局**。你要能够创造性地找出办法来摆脱陷入僵局的争论。是不是应该从另一个角度看问题？是否可以通过某种方式施加压力，以便让对方不得不同意你的观点？可以妥协吗？
10. **维持良好的关系**。这是最关键的。你想要从争论中得到什么？羞辱、为难或激怒你的对手可能让你体会到一时的快感，但你有可能孤独地度过日后漫长的岁月，并在这些日子里反思你的错误。找到一种对双方都有利的结果。你需要继续前进。这样，下次你就可以继续进行争论了。

| 书系代码 | 书 名 | 作 者 | 定 价 |
|---|---|---|---|
| 经营管理 | | | |
| BM001 | 《并购成长》(Digital Deals) | Geis | 29.80 |
| BM002 | 《绩效!绩效!》(企业培训版)(Coaching for Improved Performance) | Fournie | 39.80 |
| BM003 | 《质量无泪》(Quality Without Tears) | Crosby | 39.80 |
| BM004 | 《海阔天空——我在 DELL 的岁月》 | 方国健 | 20.00 |
| BM005 | 《心时代——一个情感化的世界及其经济图景》 | 曹世潮 | 20.00 |
| BM006 | 《情境领导者》(The Situational Leader) | 保罗·赫塞 | 18.00 |
| BM007 | 《EMBA 销售管理》(Sales Management) | Calvin | 45.00 |
| BM008 | 《EMBA 财务管理》(Finance and Accounting for Non-financing Managers) | Weston | 49.80 |
| BM009 | 《EMBA 兼并与收购》(Mergers and Acquisitions) | Weston | 38.00 |
| BM010 | 《EMBA 公司战略》(Corporate Strategy) | Colley | 39.80 |
| BM011 | 《EMBA 创业管理》(Entrepreneurial Management) | Calvin | 49.80 |
| BM012 | 《EMBA 领导艺术》(Managerial Leadership) | Topping | 35.00 |
| BM013 | 《EMBA 战略营销管理》(Strategic Marketing Management) | Parry | 42.00 |
| BM014 | 《EMBA 公司治理》(Corporate Governance) | Colley 等 | 49.80 |
| BM015 | 《六西格玛是什么》(What is Six Sigma) | Pande | 15.00 |
| BM016 | 《六西格玛基础教材》(The Six Sigma Basic Training Kit) | Juran | 80.00 |
| BM017 | 《六西格玛团队实战手册》(The Six Sigma Way Team Fieldbook) | Pande, Neuman, Cavanagh | 49.80 |
| BM018 | 《六西格玛团队怎么做》(Six Sigma Team Pocket Guide) | Federico | 16.00 |
| BM019 | 《杰克·韦尔奇领导艺术词典》(Jack Welch Lexicon of Leadership) | Krames | 32.00 |
| BM020 | 《杰克·韦尔奇的 29 个领导秘诀》(29 Leadership Secrets from Jack Welch) | Slater | 29.80 |
| BM021 | 《通用电气"群策群力"》(GE Work - Out) | Ulrich 等 | 39.80 |
| BM022 | 《顶峰》(Million Dollar Consulting) | Weiss | 48.00 |
| BM023 | 《战略计划实务》(Applied Strategic Planning) | Goodstein 等 | 48.00 |
| BM024 | 《平衡计分卡实用指南》(Balanced Scorecard) | Paul Niven | 49.80 |
| BM025 | 《战略物流管理》(Strategic Logistic Management) | Stock | 80.00 |
| BM026 | 《整合——企业并购成功之道》(M&A Integration) | Schweiger | 39.80 |
| BM027 | 《战略领导》(The Art and Discipline of Strategic Leadership) | Freedman | 32.00 |
| BM028 | 《经理薪酬完全手册》(The Complete Guide to Executive Compensation) | Bruce R. Ellig | 65.00 |

| 书系代码 | 书　　名 | 作　者 | 定 价 |
|---|---|---|---|
| BM029 | 《突破困境的领导艺术》(Leadership When the Heat's On) | Cox, Hoover | 39.80 |
| BM030 | 《朱兰自传》(Architect of Quality) | Juran | 50.00 |
| BM031 | 《卓越领导》(The Extraordinary Leader) | Zenger 等 | 39.80 |
| BM032 | 《精益六西格玛案例》(Learning into Six Sigma) | Wheat 等 | 18.00 |
| BM033 | 《领袖魅力》(Executive Charisma) | Benton | 39.80 |
| BM034 | 《西南航空案例》(The Southwest Airlines Way) | Gittell | 49.80 |
| BM035 | 《危机领导》(Leader Shock) | Hicks | 29.80 |
| BM036 | 《应变》(Agile Business for Fragile Times) | 麦卡锡 等 | 35.00 |
| BM037 | 《绩效导向的领导力》(Results-Based Leadership) | Ulrich 等 | 49.80 |
| BM038 | 《企业沟通的威力》(The Power of Corporate Communication) | Argenti 等 | 39.80 |
| BM039 | 《贯彻执行　现在就做》(Why Can't We Get Anything Done Around Here?) | 李夫顿 等 | 20.00 |
| BM040 | 《高效能团队领导智慧》(Leadership Lessons of The Navy Seals) | 坎农 等 | 39.80 |
| BM041 | 《竞争性销售》(Hope is not a Strategy) | 佩吉 | 39.80 |
| BM042 | 《丰田汽车案例》(The Toyota Way) | 莱克 | 49.80 |
| BM043 | 《风险管理》(Risk Management) | 科罗赫 等 | 80.00 |
| BM044 | 《团队工作》(The Work of Teams) | 卡岑巴赫 | 39.80 |
| BM045 | 《通用电气案例》(GE Work-out) | Ulrich 等 | 49.80 |
| BM046 | 《质量无泪》(修订版) | Crosby | 39.80 |
| BM047 | 《绩效改进 19 讲》(201 Ways to Turn any Employee Into a Star Performer) | 霍利 | 29.80 |
| BM048 | 《人性管理》(The Uncertain Art of Management) | 奥斯曼 | 39.80 |
| BM049 | 《透明管理》(The Transparency Edge) | 佩格诺 | 29.80 |
| BM050 | 《成本改进 181 法》(A Manager's Guide to Creative Cost Cutting) | 大卫·杨 | 29.80 |
| BM051 | 《直觉》(The Art of What Works) | 杜根 | 39.80 |
| BM052 | 《劣势者的优势》(The Underdog Advantage) | 莫里 | 39.80 |
| BM053 | 《精益六西格玛服务》(Lean Six Sigma for Service) | 乔治 | 55.00 |
| BM054 | 《活学活用博弈论》(Game Theory At Work) | 米勒 | 39.80 |
| BM055 | 《巅峰绩效》(Peak Performance) | 卡岑巴赫 | 39.80 |
| BM056 | 《丰田汽车:精益模式的实践》(The Toyota Way Fieldbook) | 莱克 等 | 65.00 |
| BM057 | 《什么是公司治理》(What is Corporate Govermance) | 科利 等 | 18.00 |
| BM058 | 《MBA 名校的 10 堂课》(What the Best MBAs Know) | 纳瓦洛 | 49.80 |
| BM059 | 《现代企业管理教程》(Understanding Business) | 尼科尔斯 等 | 50.00 |
| BM060 | 《领导艺术》(The Art of Leadership) | 曼宁 等 | 50.00 |
| BM061 | 《产品生命周期管理》(Product Lifecycle Management) | 格里夫斯 | 49.80 |
| BM062 | 《创新从头开始》(What customers want) | 伍维克 | 29.80 |
| BM063 | 《创新引擎》(Fast Innovation) | George | 39.80 |

| 书系代码 | 书　　名 | 作　者 | 定 价 |
| --- | --- | --- | --- |
| BM064 | 《苹果电脑案例》(The Apple Way) | Cruikshank | 39.80 |
| BM065 | 《企业外包实务》(The Manager's Step-by-Step Guide to Outsourcing) | Dominguez | 29.80 |
| BM066 | 《重塑创业精神》(Lead Like an Entrepreneur) | 桑伯里 | 45.00 |
| BM067 | 《顾客导向》(The Outside-In Corporation) | 邦德 | 39.80 |
| BM068 | 《定价与收益优化》(Pricing and Revenue Optimization) | 菲利普斯 | 60.00 |
| BM069 | 《笑梁山》 | 陈实 | 35.00 |
| BM070 | 《价值流管理:面向全局供应链的精益方法》 | 多尔斯麦思卡罗 | 43.00 |
| BM071 | 《新企业所得税法与会计准则比较分析》 | 张炜 | 68.00 |
| BM072 | 《丰田产品开发体系》 | 摩根,莱克 | 60.00 |
| BM073 | 《联想:中国 IT 企业国际化品牌行销之道》 | 周锡冰 | 39.80 |
| BM074 | 《每秒千桶》(A Thousand Barrels a Second) | 特扎基安 | 39.80 |
| BM075 | 《活学活用丰田生产方式》 | 田鹏 | 26.00 |
| BM076 | 《什么是精益》(Lean Production Simplified) | 丹尼斯 | 35.00 |
| BM077 | 《纳税会计》 | 张炜 | 46.00 |
| BM078 | 《精益办公价值流》(The Complete Lean Enterprise) | 凯特,劳克尔 | 35.00 |
| BM079 | 《超越平衡计分卡》(Beyond the Balanced Scorecard) | 布朗 | 39.80 |
| BM080 | 《超越约束理论》(Beyond the Theory of Constraints) | 莱文森 | 35.00 |
| BM081 | 《精益企业文化》(Creating a Lean Culture) | 曼恩 | 39.80 |
| BM082 | 《银行供应链金融》 | 汤曙光,任建标 | 45.00 |
| **经济学** | | | |
| E-001 | 《中国经济》(Chinese Economy) | 蔡昉,林毅夫 | 39.80 |
| E-002 | 《宏观经济学》(Macroeconomics) | Dornbusch | 60.00 |
| E-003 | 《经济学》(Economics) | McConnell,Brue | 79.00 |
| E-004 | 《微观经济学》(Microeconomics and Behavior) | Frank | 65.00 |
| E-005 | 《环境经济学》(Introduction to Environmental Economics) | Field 等 | 50.00 |
| E-006 | 《财富的诞生》(The Birth of Plenty) | Bernstein | 49.80 |
| E-007 | 《ArcView GIS® 与 ArcGIS® 地理信息统计分析》(Statistical Analysis of Geographic Information with ArcView GIS® and ArcGIS®) | David Wong 等 | 58.00 |
| E-008 | 《MBA 宏观经济学》(Macroeconomic Patterns and Stories: A Guide for MBAs) | 里默 | 55.00 |
| **管理学** | | | |
| MT001 | 《战略物流管理》(Strategic Logistic Management) | Stock | 80.00 |
| MT002 | 《物流战略咨询》(Supply Chain Strategy) | Frazelle | 49.80 |
| MT003 | 《组织人员配置》(Staffing Organization) | Heneman, Judge | |
| MT004 | 《战略管理》(Strategic Management) | Dess 等 | 40.00 |

| 书系代码 | 书　　名 | 作　者 | 定 价 |
|---|---|---|---|
| MT005 | 《数据模型与决策:运用电子表格建模与案例研究》(第1版)(Introduction to Management Science) | Hillier 等 | 75.00 |
| MT006 | 《数据模型与决策:运用电子表格建模与案例研究》(第2版)(Introduction to Management Science) | Hillier 等 | 75.00 |
| MT007 | 《电子商务导论》(Introduction to E-Commerce) | 雷波特 等 | 58.00 |
| MT008 | 《供应链设计与管理》(Designing and Managing The Supply Chain) | 辛奇—利维 等 | 40.00 |
| MT009 | 《管理学基础》(Management) | 克尼基 等 | 48.00 |
| MT010 | 《定价》(Pricing) | 门罗 | 65.00 |
| MT011 | 《精通战略》(Mastering Strategy) | 雷格斯比 等 | 39.80 |
| MT012 | 《战略采购管理》(Harnessing Value in the Supply Chain) | 班菲尔德 | 39.80 |
| MT013 | 《逆向管理》(Don't Oil the Squeaky Wheel) | Rinke | 39.80 |
| MT014 | 《跨国管理》(Transnational Management) | Bartlett 等 | 79.80 |
| MT015 | 《运营管理》(Matching Supply with Demand) | Cachon 等 | 50.00 |
| MT016 | 《供应链与价值网创新企业案例》 | 任建标 | 35.00 |
| MT017 | 《数据模型与决策:运用电子表格建模与案例研究》(第3版)(Introduction to Management Science) | Hillier 等 | 79.00 |
| MT018 | 《供应链管理》(Supply Chain Management) | 李令遐 | 42.00 |
| MT019 | 《服务运作管理》(Services Management) | 范·路易 | 65.00 |
| MT020 | 《儒家思想与中国商务》(Confucianism and Business Practices in China) | 刘芊 | 116.00 |
| MT021 | 《供应链成本管理》(Supply Chain Cost Management) | 安克莱萨里亚 | 35.00 |

## 营销管理

| 书系代码 | 书　　名 | 作　者 | 定 价 |
|---|---|---|---|
| MM001 | 《定位》(Positioning) | Ries & Trout | 39.80 |
| MM002 | 《营销战》(修订版)(Marketing Warfare) | Ries & Trout | 39.80 |
| MM003 | 《营销革命》(Bottom-up Marketing) | Ries & Trout | 39.80 |
| MM004 | 《新定位》(The New Positioning) | Trout | 39.80 |
| MM005 | 《颠覆广告》(Disruption) | 让—马贺·杜瑞 | 40.00 |
| MM006 | 《创意的竞赛》(Which Ad Pulled Best?) | Purvis | 39.80 |
| MM007 | 《广告文案名人堂》(The Art of Writing Advertising) | Higgins | 29.80 |
| MM008 | 《产品经理的第一本书》(The Product Manager's Handbook) | Gorchels | 39.80 |
| MM009 | 《全球整合营销传播》(Communicating Globally) | 舒尔茨 | 39.80 |
| MM010 | 《整合营销传播:利用广告和促销建树品牌》(IMC: Using Advertising and Promotion to Build Brands) | Duncan | 298.00 |
| MM011 | 《市场战略》(The Market Makers) | Spulber | 48.00 |
| MM012 | 《全球营销》(Global Marketing) | 乔尼·约翰逊 | 60.00 |

| 书系代码 | 书　　名 | 作　者 | 定 价 |
|---|---|---|---|
| MM013 | 《网络营销》(Internet Marketing) | 默罕默德 等 | 65.00 |
| MM014 | 《产品经理的第二本书》(The Product Manager's Field Guide) | Linda Gorchels | 39.80 |
| MM015 | 《营销学基础》(Essentials of Marketing) | 佩罗特,麦卡锡 | 60.00 |
| MM016 | 《文案发烧》("Hey, Whipple, Squeeze This.":A Guide to Creating Great Ads) | 苏立文 | 39.80 |
| MM017 | 《小鱼吃大鱼》(Eating the Big Fish) | 摩根 | 45.00 |
| MM018 | 《什么是战略》(Trout On Strategy) | 特劳特 | 29.80 |
| MM019 | 《整合营销传播:创造企业价值的五大关键步骤》(IMC: the Next Generation) | 唐·舒尔茨 等 | 39.80 |
| MM020 | 《促销管理的第一本书》 | Schultz | 39.80 |
| MM021 | 《广告箴言》(And Now a Few Words From Me) | 加菲尔德 | 29.80 |
| MM022 | 《营销计划手册》(The Successful Marketing Plan) | 赫宾 等 | 68.00 |
| MM023 | 《渠道管理的第一本书》(The Manager's Guide to Distribution Channels) | 哥乔斯 等 | 35.00 |
| MM024 | 《项目管理的第一本书》(The McGraw-Hill 36 - Hour Project Management) | 库克,塔特 | |
| MM025 | 《细读杰克·韦尔奇》 | Krame,Slater | 39.80 |
| MM026 | 《品牌资产管理》(Brand Asset Management) | 戴维斯 | 39.80 |
| MM027 | 《互愿营销》(Opt-In Marketing) | 罗曼 等 | 39.80 |
| MM028 | 《小技巧　大销售》(401 Killer Marketing Tactics) | 费尔藤斯坦 | 39.80 |
| MM029 | 《作业成本管理的第一本书》(Common Cents) | 特尼 | 39.80 |
| MM030 | 《产品经理手册》(The Product Manager's Handbook) | 哥乔斯 | 55.00 |
| MM031 | 《商战》(20 周年纪念版)(Marketing Warfare) | Ries & Trout | 68.00 |
| MM032 | 《博客营销》(Blog Marketing) | Jeremy Wright | 39.80 |
| MM033 | 《品牌驱动力》(Building the Brand-Driven Business) | 戴维斯,邓恩 | 39.80 |
| MM034 | 《定价的艺术》(The Art of Pricing) | Mohammed | 29.80 |
| MM035 | 《营销 7 堂课》(Mastering Marketing) | 罗斯金-布朗 | 39.80 |
| MM036 | 《心战之地:存亡之道,不可不察. 第 1 卷》 | 刘松涛 | 39.80 |
| MM037 | 《游击营销调研》(More guerrilla marketing research) | 卡登,林达 等 | 55.00 |
| MM038 | 《心战法则:攻城为下,攻心为上. 第 2 卷》 | 刘松涛 | 68.00 |
| **销售管理** | | | |
| SM001 | 《成功销售管理的 7 大秘诀》(7 Secrets to Successful Sales Management) | Wilner | 39.80 |
| SM002 | 《电话行销,轻松成交》 | 姚能笔 | 39.80 |
| SM003 | 《摸透顾客心》(Ten Demandments) | Mooney Bergheim | 39.80 |
| SM004 | 《练就铁齿铜牙》(Secrets of Power Persuasion for Salespeople) | Dawson | 39.80 |
| SM005 | 《轻松收款》(Collections Made Easy) | 卡罗尔 | 39.80 |

| 书系代码 | 书　　名 | 作　者 | 定 价 |
|---|---|---|---|
| SM006 | 《打倒墨菲定律　挽救我的销售》(Beating the Deal Killers) | Giglio | 39.80 |
| SM007 | 《增加销售的12种核心技术》(Beyond E) | Diorio | 39.80 |
| SM008 | 《销售管理》(Sales Force Management) | Johnston 等 | 49.00 |
| SM009 | 《汽车销售的第一本书》 | 孙路弘 | 39.80 |
| SM010 | 《终极销售力》(Ultimate Selling Power) | 莫伊,洛伊德 | 39.80 |
| SM011 | 《顶尖销售的25堂课》(Secrets of Top Performing Salespeople) | 乔诺 等 | 29.80 |
| SM012 | 《引爆销售的10大黄金法则》 | Desena | 39.80 |
| SM013 | 《再造销售奇迹》 | Eades | 39.80 |
| SM014 | 《攻心式销售》 | Bosworth | 24.80 |
| SM015 | 《百万销售师》 | Gardner | 24.50 |
| SM016 | 《成交》 | Victor | 29.80 |
| SM017 | 《直销经理的第一本书》(Making Millions in Direct Sales) | 马拉汉 等 | 39.80 |
| SM018 | 《直销37计》(The Ultimate Guide to Network Marketing) | 乔·鲁比诺 | 39.80 |
| **职场发展** | | | |
| CD001 | 《外企面试宝典》(More Best Answers to the 201 Most Frequently Asked Interview Questions) | DeLuca | 25.00 |
| CD002 | 《人才心理测评》(Psychological Testing at Work) | Hoffman | 25.00 |
| CD003 | 《演讲的艺术》(Strictly Speaking) | Buckley | 29.80 |
| CD004 | 《五大会计师行》 | 周年洋 等 | 24.80 |
| CD005 | 《职业经理自修手册》(The Manager's Self-development Guide) | Pedler | 35.00 |
| CD006 | 《关键对话》(Crucial Conversations) | Patterson 等 | 29.80 |
| CD007 | 《静思录》(Finding Your Strength in Difficult Times) | David Viscott | 19.80 |
| CD008 | 《商务英语书信写作精益求精篇》 | 康宁汉 等 | 29.80 |
| CD009 | 《商务人士日常书信写作》(Great Personal Letters for Busy People) | 布赫 | 48.00 |
| CD010 | 《销售信函》(Sales Letters Ready to Go) | 贝塞尔 等 | 32.00 |
| CD011 | 《商务信函》(Business Letters Ready to Go) | Bayse | 39.80 |
| CD012 | 《我爱笨老板》(How to Work for an Idiot) | 胡佛 | 29.80 |
| CD013 | 《实用英语动词短语》(Basic Phrasal Verbs) | 斯皮尔斯 | 35.00 |
| CD014 | 《赛马》(Horse Sense) | 里斯,特劳特 | 29.80 |
| CD015 | 《报刊装帧设计手册》(The Newspaper Designer's Handbook) | 哈洛维 | 128.00 |
| CD016 | 《君子善言》(Speak Like a CEO) | 贝茨 | 32.00 |
| CD017 | 《脱颖而出》(Shine) | 汤普森 | 29.80 |
| CD018 | 《量子飞跃》 | 谢尔顿,刘芊 | 29.80 |
| CD019 | 《纳米说服力》 | 姚能笔 | 29.80 |

| 书系代码 | 书　　名 | 作　者 | 定 价 |
| --- | --- | --- | --- |
| CD020 | 《你就是品牌》(U R a Brand!) | 卡普塔 | 29.80 |
| CD021 | 《关键 60 秒——轻松赢面试》(The First 60 Seconds) | 伯恩斯 | 35.00 |
| CD022 | 《争论的十大金律》(How to Argue) | 赫林 | 25.00 |
| **投资理财** | | | |
| IF001 | 《赢得"输家的游戏"》(Winning the Loser's Game) | Ellis | 29.80 |
| IF002 | 《向格雷厄姆学思考,向巴菲特学投资》(How to Think Like Benjamin Graham and Invest Like Warren Buffett) | Cunningham | 39.80 |
| IF003 | 《巴菲特怎样选择成长股》(How to Pick Stocks Like Warren Buffett) | Vick | 29.80 |
| IF004 | 《最后的合伙人》(The Last Partnership) | Geisst | 29.80 |
| IF005 | 《财务报表分析与证券定价》(Financial Statement Analysis and Security Valuation) | Penman | 98.00 |
| IF006 | 《技术分析》(Technical Analysis Explained) | Pring | 80.00 |
| IF007 | 《技术分析 A – Z》(Technical Analysis from A to Z) | Achelis | 55.00 |
| IF008 | 《股票价值评估》(Valuing a Stock) | Gray 等 | 39.80 |
| IF009 | 《蜡烛图精解(第 3 版)》(Candlestick Charting Explained) | Morris | 60.00 |
| IF010 | 《技术分析习题集》(Study Guide for Technical Analysis Explained) | Pring | 25.00 |
| IF011 | 《股票市场的时机选择》(Timing the Stock Market) | 亚历山大 | 48.00 |
| IF012 | 《最佳卖出点》(It's when You Sell that Counts) | 卡西迪 | 39.80 |
| IF013 | 《股市名言》(Buy the Rumor, Sell the Fact) | 麦洛 | 29.80 |
| IF014 | 《向格雷厄姆学思考,向巴菲特学投资》(修订版) | Cunningham | 39.80 |
| IF015 | 《华尔街投资银行史》 | Geisst | 49.80 |
| IF016 | 《信用风险:度量与管理》 | 瑟维吉尼 | 65.00 |
| IF017 | 《财务报表分析与证券定价》(第二版)(Financial Statement Analysis and Security Valuation) | Penman | 98.00 |
| IF018 | 《信用评分模型技术与应用》 | 陈建 | 60.00 |
| IF019 | 《现代信用卡管理》 | 陈建 | 80.00 |
| IF020 | 《标准普尔教你做好个人理财》(The Standard & Poor's Guide to Personal Finance) | 道尼 | 25.00 |
| IF021 | 《标准普尔教你做好第一笔投资》(The Standard & Poor's Guide for the New Investor) | 马蒂夫 | 25.00 |
| IF022 | 《标准普尔教你做好长期投资》(The Standard & Poor's Guide to Long-Term Investing) | 提格 | 20.00 |
| IF023 | 《股市法则》(Stock Market Rules) | 沙伊莫 | 29.80 |
| IF024 | 《股指期货 100 问》 | 中国国际期货武汉研究中心 | 25.00 |

| 书系代码 | 书　　名 | 作　者 | 定 价 |
| --- | --- | --- | --- |
| IF025 | 《巴菲特选股魔法》 | 洪瑞泰 | 25.00 |
| IF026 | 《发现机会》(Discover the Upside of Down) | 科比 | 39.80 |
| IF027 | 《对冲基金经理笔记》(Money Mavericks:Confessions of a Hedge Fund Manager) | 克罗耶 | 39.80 |

（具体数据以出书为准）

销售服务：010－88191017，88191063(FAX)
E-mail：　webmaster@ewinbook.com
邮购地址：北京市阜成路甲28号新知大厦　中国财政经济出版社邮购部
邮购费用：书价加15%
电　　话：010－88190406　88190488
邮　　编：100036